中学受験用

# 完成語句文法

改訂新版

# 本書の特色と使い方

**1** はじめに、まずここを読んでから始めましょう。この回の学習の目的や視点が示してあります。

**2** テーマごとに、学ぶときに意識するポイント・役に立つ知識・例題などをのせてあります。入試によく出る・まちがえやすいなど、重要なことがらを中心にまとめました。

◉各回のまとめ

◉チャレンジ問題

**3** 問題は、おもに過去の入試からそれぞれのテーマに沿った良問を集めました。実際の試験に出た問題を見ることで、学校がどのような力を求めているかがわかります。

**4** まちがえた問題はチェックボックスにチェックしておき、もう一度チャレンジしましょう。そのときに、なぜまちがえたか考えてみましょう。知識が不足していたときは、まとめにもどったり辞書で調べたりして確かめておきましょう。

# 目次



●別冊解答付き●

# 語句・知識

# 01 語句・知識

# 熟語の組み立て・読み方

チャレンジ問題は
本文8ページ～

熟語（じゅくご）の意味をとらえるには、それぞれの漢字の意味や読み方をとらえる、漢字どうしの関係をとらえるといった方法がある。このような方法を使うことで、一見すると難しいことばに見える熟語を自分のものにしやすくなる。

加えて、文章を読んでいるときに、意味を知らない熟語と出あったとき、それぞれの漢字の意味や読み方をとらえる、漢字どうしの関係をとらえるといった方法を使うと、熟語の意味を類推（るいすい）することができ、文章の内容をとらえやすくなる。

## 1 熟語の基本的な組み立てを覚えよう

(1) 意味の似た漢字を組み合わせたもの。

**例** 永久・過失・解放・増加・寒冷

(2) 反対の意味の漢字を組み合わせたもの。

**例** 勝負・公私・前後・増減・善悪

(3) 上の字が下の字をかざるもの。
（上から下に読めば、意味のわかるもの）

**例** 青空（青い空）・図示（図で示す）

(4) 動詞の下に目的語がついたもの。
（下から上に読めば、意味のわかるもの）

**例** 登山（山に登る）・読書（書を読む）

(5) 主語、述語の関係にあるもの。

**例** 市立（市が立てる）・地震（じしん）（地が震える）

(6) 同じ漢字を重ねたもの。

**例** 方々・山々・人々・堂々・刻々（こくこく）

(7) 上に「非・不・未・無」がついて、下の漢字を打ち消すもの。

**例** 非常・不満・未知・無限

(8) 下に「感・的・化・性・然」などがつくもの。

例 直感・知的・美化・習性・当然

(9) 三字以上の熟語が二字の熟語に略されたもの（略語）。

例 国際連合↓国連・日本赤十字社↓日赤・特別急行↓特急

## 2 三字熟語の組み立ては二字熟語を基本としている

(1) 二字＋一字

例 入学式↓入学＋式・共通語↓共通＋語

※ 下に「感・的・化・性」がつくものもある。

(2) 一字＋二字

例 美少年↓美＋少年・大勝利↓大＋勝利

※ 上に「非・不・未・無」がつくものもある。

(3) 三字が対等のもの

例 上中下・松竹梅・天地人

## 3 熟語の読み方を覚えよう

(1) 音音読み（上の字も下の字も音で読む読み方）

例 日本・能率・進学・研究

(2) 訓訓読み（上の字も下の字も訓で読む読み方）

例 朝日・植木・大声・若者

(3) 音訓読み（重箱(じゅうばこ)読み―上の字を音で下の字を訓で読む読み方）

例 重箱・客間・王様・本物

(4) 訓音読み（湯桶(ゆとう)読み―上の字を訓で下の字を音で読む読み方）

例 湯桶・身分・消印・見本

(5) 熟字訓(じゅくじくん)（熟語全体についた読み方のことで、他の熟語のように一字一字に分解することのできないもの）

例 小豆（あずき）・海女（あま）・田舎（いなか）

※「音読み」「訓読み」のまぎらわしいものも多いので注意しよう。

〈音読み〉例 王（オウ）・陸（リク）・台（ダイ）・役（ヤク）・本（ホン）・図（ズ）・客（キャク）…など

〈訓読み〉例 関（せき）・屋（や）・荷（に）・路（じ）・原（はら）・相（あい）…など

# 01 語句・知識

# 熟語の組み立て・読み方

## ―チャレンジ問題―

解答は別冊2ページ

**1** ことばの成り立ちを次の(1)～(5)に分けると、後にあげた㋐～㋙の熟語は、それぞれどれにあたりますか。記号で答えなさい。

□(1) 対(つい)になる意味が重なってできているもの。　例 上下＝「上」と「下」

□(2) 似たような意味が重なってできたもの。　例 思考＝「思う」と「考える」

□(3) 上が下を修飾するもの。　例 深海＝「深い海」

□(4) 「――に」「――を」の部分が下にくるもの。　例 作文＝「文を作る」

□(5) 上が下を打ち消しているもの。　例 不良＝「良くない」

㋐ 未知　㋑ 初雪　㋒ 開始　㋓ 無害　㋔ 天地

㋕ 消火　㋖ 進退　㋗ 幸福　㋘ 曲線　㋙ 帰国

**2** 漢字二字の熟語のでき方には、次の(1)～(5)のようなものがあります。

□(1) 上の字が下の字を修飾(しゅうしょく)（説明）している。

□(2) 「――に」「――を」にあたる字が下にきている。

□(3) 上の字が下の字を打ち消している。

□(4) 似たような意味の字が重なっている。

□(5) 対(つい)になる字が重なっている。

次の㋐～㋙の熟語の中に、右の(1)～(5)の関係になっているものが二つずつあります。それを記号で答えなさい。

㋐ 豊富　㋑ 国旗　㋒ 不安　㋓ 高山　㋔ 読書

㋕ 乗車　㋖ 上下　㋗ 道路　㋘ 無力　㋙ 男女

**3** 次の(1)～(6)の熟語は、どのような構成になっていますか。後から選び、記号で答えなさい。

□(1) 未来　□(2) 寒暖(かんだん)　□(3) 読書　□(4) 冷水

□(5) 県立　□(6) 幸福

㋐ 上の字が主語、下の字が述語になっているもの。

㋑ 下の字が、上の字の動作の目的となっているもの。

㋒ 上の字が下の字を打ち消すもの。

㋓ 反対の意味の漢字を重ねたもの。
㋔ 似た意味の漢字を重ねたもの。
㋕ 上の字が、下の字をどんな様子か説明しているもの。

**4** **次にあげる熟語は後のどの成り立ちでできたものですか。それぞれ記号で答えなさい。**

□(1) 坂道　□(2) 思想　□(3) 日没　□(4) 登校
□(5) 日赤　□(6) 往復

㋐ 二つの漢字が意味のうえで順序が逆になって結びついたもの。
㋑ 前にある漢字があとにある漢字を修飾してできたもの。
㋒ 反対の意味を持つ漢字が結びついたもの。
㋓ 似た意味を持つ漢字が結びついたもの。
㋔ 主語と述語の関係でできたもの。
㋕ 元の言葉の一部を省略してできたもの。

**5** **漢字を二字組み合わせたことばには、その二つの漢字の間に、意味のうえで次のような関係があると考えられます。**

㋐ 同じような意味の漢字を組み合わせたもの。(例)「映写」
㋑ 反対、または対(つい)になる意味の漢字を組み合わせたもの。(例)「紅白」
㋒ 上の漢字が下の漢字の意味を説明(修飾)しているもの。(例)「直線」
㋓ 下の漢字から上の漢字へ返って読むと意味がよくわかるもの。(例)「洗顔」
㋔ 上の漢字が下の漢字の意味を打ち消しているもの。(例)「不満」

**次の①～⑤のことばは、それぞれ右の㋐～㋔のどれか一つにあたります。それぞれあてはまるものを選び、その記号で答えなさい。ただし同じ記号を二回以上使ってはいけません。**

□① 負傷　□② 未完　□③ 指示　□④ 加減
□⑤ 熟語

**6** **次の熟語の中にことばの組み立てから見て、他とちがっているものが一つあります。その記号で答えなさい。**

□(1) ㋐ 指示　㋑ 消失　㋒ 思考　㋓ 決心
　　㋔ 重要　㋕ 調査
□(2) ㋐ 往復　㋑ 無事　㋒ 天地　㋓ 勝敗
　　㋔ 明暗　㋕ 新旧

**7** 漢字の熟語には次の㋐〜㋕のように読めるものがあります。後の(1)〜(12)の熟語はそれぞれどう読めるでしょうか。記号で答えなさい。

㋐「――の――」と読めるもの　例「月光」つきのひかり）
㋑「――い――」と読めるもの　例「少数」すくないかず）
㋒「――と――」と読めるもの　例「前後」まえとうしろ）
㋓「――して――する」と読めるもの　例「注入」そそぎいれる）
㋔「――する――」と読めるもの　例「売店」うるみせ）
㋕「――した――」と読めるもの　例「残金」のこったかね）

□(1) 歩道　□(2) 親友　□(3) 父母
□(4) 造花　□(5) 車道　□(6) 食物
□(7) 近海　□(8) 積雪　□(9) 選出
□(10) 耕作　□(11) 山村　□(12) 昼夜

**8** 次の(1)〜(4)と同じ組み立ての熟語を、それぞれ一つずつ後の語群から選び記号で答えなさい。

□(1) 衣服　□(2) 進退　□(3) 乗船　□(4) 白紙

【語群】㋐ 豊富　㋑ 羊毛　㋒ 天地
㋓ 着席　㋔ 無線

**9** 熟語の組み立てについて、後の問いに答えなさい。

□(1) 次の漢字と反対の意味を持つ漢字を□の中に入れて、熟語を作りなさい。

① 売―□　② 異―□　③ 貧―□　④ 公―□

□(2) 次の漢字の中から似ている意味を持つものを組み合わせて四つの熟語を作りなさい。

〔例〕「通行」

| 喜 | 解 | 画 | 学 | 務 | 絵 | 活 | 歓 | 放 | 勤 |
|---|---|---|---|---|---|---|---|---|---|

□(3)「読書」は、「書を読むこと」という意味で、二つの漢字が意味のうえでは順序が逆になっています。また、「大志」は、「大きな志」のことですから意味のうえでは、前にある漢字が後にある漢字を修飾しています。次の熟語は、どちらの組み立てですか。熟語の記号で答えなさい。

㋐ 急行　㋑ 登山　㋒ 白線　㋓ 良書
㋔ 採光　㋕ 豊作　㋖ 開店　㋗ 求人

①「読書」の仲間(なかま)　②「大志」の仲間

□(4)「国連」は、国際連合という長い熟語を、かんたんに略したものです。次の熟語は、どういう熟語を略したものですか。例にならって書きなさい。

〔例〕国連＝国際連合

① 特急＝　② 原発＝　③ 農協＝

**10** 次の(1)～(8)と組み立ての同じものを後の熟語から二つずつ選び、その記号で答えなさい。

□(1) 氷結（氷が結ぶ）　□(2) 月末（月の末）

□(3) 快走（快く走る）　□(4) 作文（文を作る）

□(5) 登山（山に登る）　□(6) 不幸（幸せでない）

□(7) 大小　□(8) 道路

㋐ 愛国　㋑ 加熱　㋒ 帰国　㋓ 起立　㋔ 公私

㋕ 黒板　㋖ 左右　㋗ 自己　㋘ 就職　㋙ 人造

㋚ 前進　㋛ 善人　㋜ 早退　㋝ 日照　㋞ 非常

㋟ 未来

**11** 次は意味の反対の漢字を組み合わせた熟語です。□に適当な漢字一字をあてはめなさい。

□(1) 往□　□(2) 取□　□(3) □果

**12** 次は上に打ち消しの意味の漢字をともなう熟語です。□に適当な漢字一字をあてはめなさい。同じ字は一回しか使えません。

□(1) □行　□(2) □効　□(3) □覚

**13** 次の㋐～㋓の熟語は、その組み立てが一つだけ他とちがうものがあります。その記号を答えなさい。

□(1) ㋐ 集合　㋑ 行進　㋒ 豊富　㋓ 夫婦

□(2) ㋐ 投球　㋑ 悪人　㋒ 閉会　㋓ 着席

□(3) ㋐ 出席　㋑ 強弱　㋒ 進退　㋓ 出入

□(4) ㋐ 高山　㋑ 白紙　㋒ 無線　㋓ 多量

□(5) ㋐ 不足　㋑ 未知　㋒ 非常　㋓ 賛否

**14** 次の（　）内に反対の意味の漢字を一字ずつ入れて熟語を作りなさい。

□(1) 長（　）　□(2) 高（　）　□(3) 勝（　）

□(4) 本（　）　□(5) 加（　）　□(6) （　）閉

□(7) （　）着　□(8) （　）借　□(9) （　）復

□(10) （　）得

**15** 次の(1)~(4)の熟語と同じ構成の熟語の読みを（　）の中から選び、漢字に直して書きなさい。

〔例〕 読書 （トケイ・ナンボク・カイカイ・キロク）
　→ 開会（下の漢字が上の漢字をくわしく説明している）

□(1) 兄弟 （コッセツ・シンデン・ソボ・インショク）
□(2) 改革 （ヘイアン・シュウテン・チョウショク・フマン）
□(3) 未然 （イシャ・カイヨウ・ブジ・ハンタイ）
□(4) 送電線 （ボウフウウ・ブキミ・フボカイ・ソツギョウシキ）

**16** 次にあげた漢字の上に「無・不・未・非」の中から、最も適当な漢字をつけて、意味の通ることばを作りなさい。

□(1) □自由　□(2) □完成　□(3) □責任
□(4) □常識　□(5) □成年

**17** 次の①~⑩の空欄（くうらん）に、打ち消しの意味を表す漢字一字を入れ、三字の熟語を作りなさい。

□① ［　］公式　□② ［　］気力
□③ ［　］合法　□④ ［　］体験
□⑤ ［　］完成　□⑥ ［　］作法
□⑦ ［　］解決　□⑧ ［　］適切
□⑨ ［　］愛想　□⑩ ［　］具合

**18** 次の□の中にどのような漢字を入れると、どの漢字にも合う正しい熟語ができますか。

□(1)
完↘　↙安
　　□
体↙　↘力

□(2)
不↘　↙公
　　□
和↙　↘地

□(3)
神↘　↙会
　　□
会↙　↘長

□(4)
絵↘　↙計
　　□
数↙　↘一

□(5)
力↘　↙工
　　□
業↙　↘品

**19** 次の(1)~(5)の㋐~㋔の□の中に同音異字を入れ、それぞれの熟語を完成させなさい。

□(1)
→ ㋐ □福　㋑ 空□　㋒ □実　㋓ 復□　㋔ □果

□(2)
→ ㋐ □係　㋑ □護　㋒ 血□　㋓ □声　㋔ □衆

□(3)
→ ㋐ 体□　㋑ □庫　㋒ 演□　㋓ □談　㋔ 断□

□(4)
↓ ㋐ □待　㋑ 燃□　㋒ 合□　㋓ □知　㋔ 故□

□(5)
↓ ㋐ □車　㋑ □者　㋒ 食□　㋓ □険　㋔ □節

**20** 次の漢字には、別の意味を持つ訓読みがあります。例にならって、それぞれの訓読みを答えたうえで、その下にその意味を持った漢字二字の熟語を答えなさい。

〔例〕省　（はぶく）⇩省略　（かえりみる）⇩反省

□(1) 着　（　　）⇩□□　（　　）⇩□□

□(2) 降　（　　）⇩□□　（　　）⇩□□

□(3) 重　（　　）⇩□□　（　　）⇩□□

□(4) 行　（　　）⇩□□　（　　）⇩□□

□(5) 生　（　　）⇩□□　（　　）⇩□□

**21** 次の例のように、「入れる漢字」の中から反対の意味を持つ漢字を右下と左上の□に入れ（例では上・下）、そして（　）にも「入れる漢字」の中から適当な漢字を入れ（例では（向））、（　）ー□、□ー（　）がそれぞれ一つの熟語になるようにしなさい。「入れる漢字」はすべて一回しか使えません。

〈入れる漢字〉上・向・下

〔例〕（　）ー□　□ー（宿）　→　（向）ー上　下ー（宿）

〈入れる漢字〉
後・順・主・問・義・納・得・次・答・出・進・質・逆・従・退

□(1) （服）ー□　□ー（　）

□(2) （　）ー□　□ー（弁）

□(3) （反）ー□　□ー（　）

□(4) （　）ー□　□ー（行）

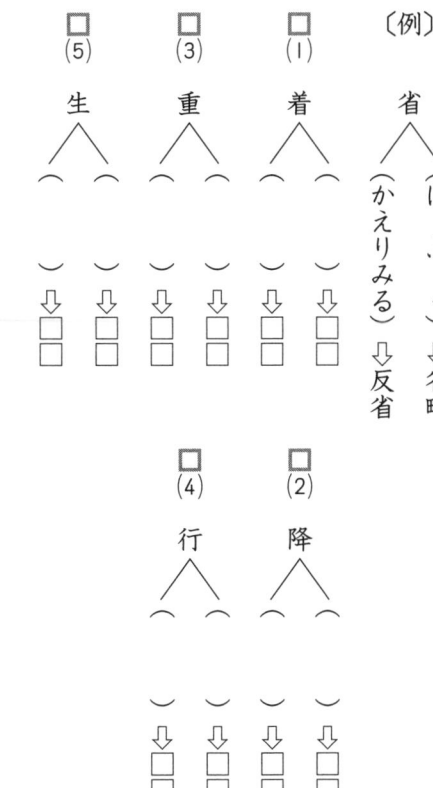

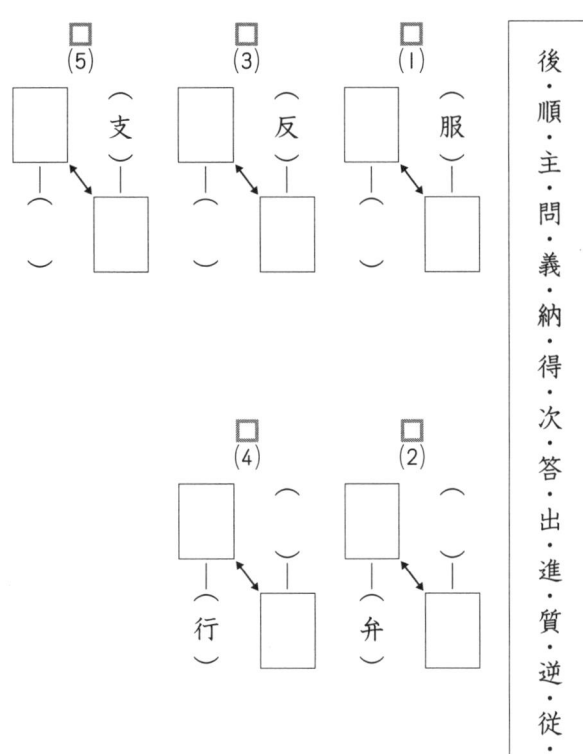

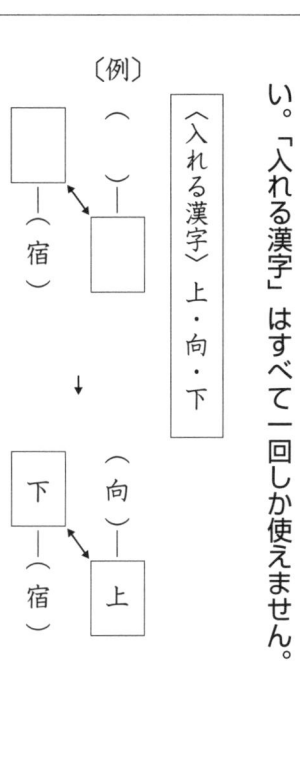

□(5) （支）ー□　□ー（　）

**22** 熟語のしりとりです。例にならって□の中に漢字一字を記入しなさい。なお漢字は、[ ]の中から選んで書きなさい。

〔例〕 合図→図［形］→［形］式→式［典］→［典］型

□(1) 延長→長□→□有→有□→□果

□(2) 規模→模□→□実→実□→□在

□(3) 用意→意□→□物→物□→□値

[ 写　価　見　志　現　録　能　所　型　効 ]

**23** 次の□にあてはまる漢字を一字書きなさい。

□(1) 夜おそく人の家に行くのは、□常識なことです。

□(2) この研究は、どうも□意味に思われる。

□(3) 子どもの能力は□知数である。

□(4) そんな□規則な生活は、からだをこわすもとだ。

**24** 次の(1)〜(5)までの漢字の音読みを二つカタカナで書きなさい。そして、それぞれの音読みの場合の二字の熟語を考えて書きなさい。

〔例〕 土（ド）・［国土］ （ト）・［土地］

□(1) 力（　）・□□ （　）・□□

□(2) 元（　）・□□ （　）・□□

□(3) 模（　）・□□ （　）・□□

□(4) 大（　）・□□ （　）・□□

□(5) 作（　）・□□ （　）・□□

**25** 次の(1)〜(5)にあげる二つの漢字の間に漢字一字を入れ、上二字、下二字ともそれぞれ意味のある熟語を作ります。例にならって、二通りの答えを書きなさい。

〔例〕 食［器］［道］具

□(1) 外□□物

□(2) 完□□果

□(3) 数□□数

□(4) 来□□間

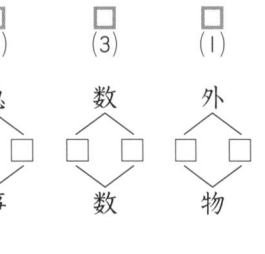

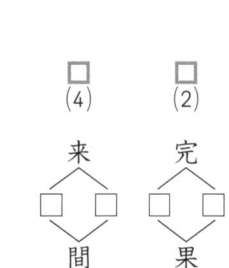

□(5) 急□□事

**26** 次の㋐〜㋗に漢字を一字ずつ入れると、例にあげたように、その漢字を使った熟語のしりとりができます。それぞれにあてはまる漢字を答えなさい。

〔例〕安定―定休―休養―養成

□(1) 候㋐―㋐欠―欠㋑―㋑勉

□(2) 危㋒―㋒転―転㋓―㋓庭

□(3) 終㋔―㋔発―発㋕―㋕現

□(4) 名㋖―㋖内―内㋗―㋗器

**27** 例のように、㋐〜㋙にちがう漢字を入れて、漢字二字の熟語を作りなさい。同じカナのところには同じ漢字を入れること。（漢字のしりとりになるようにしなさい。）

〔例〕大―半㋐―半㋐―分㋑―分㋑―校㋒―校㋒―門㋓

□ 最―㋐―㋐―㋑―㋑―㋒―㋒―㋓―㋓―㋔―㋔―㋕―㋕―㋖―㋖―㋗―㋗―㋘―㋘―㋙

**28** 次の□□に後の㋐〜㋛の語を入れて一続きのことばを作りなさい。答えは㋐〜㋛の記号で書くこと。（同じ記号は一度しか使えません。）

□(1) 再□□　□(2) 再□□　□(3) 好□□

□(4) 好□□　□(5) □□界　□(6) □□界

□(7) □□色　□(8) □□色

㋐ 生物　㋑ 取捨　㋒ 国際　㋓ 評価　㋔ 対照

㋕ 全快　㋖ 地方　㋗ 絶望　㋘ 自然　㋙ 確認

㋚ 調和　㋛ 成績

**29** 例のように、四つの漢字にかこまれた中央の部分に、一つの漢字を入れて四つの熟語を作るとしたら、□の中にはどのような漢字が入りますか。(1)〜(4)までそれぞれ一字ずつで答えなさい。

〔例〕
歩
↓
書→道→路
↓
具

□(1)
分
↓
心→□→達
↓
役

□(2)
前
↓
行→□→歩
↓
出

□(3)
大
↓
空→□→候
↓
品

□(4)
活
↓
出→□→見
↓
明

## 30 次のそれぞれの問いに答えなさい。

□(1) 次の①～③と同じ漢字を使う文をそれぞれ選び、記号で答えなさい。

① 並行
ア 彼らは三つの企画を□□して進めている。
イ □□な直線で囲まれた図形について考える。
ウ 町の人口が減り、ついに□□することになった。
エ 医院の待ち時間があまりにも長く、□□した。

② 希少
ア 今日は登山をするには□□条件がよさそうだ。
イ 東京にもまだ□□な生物がいるらしい。
ウ 新しい大臣は□□の激しい人だ。
エ 長い休みに入ると、□□時間が遅くなる。

③ 公正
ア 新しい□□労働大臣が決まる。
イ この建物は、□□まで残したいものだ。
ウ 内容をよく見ながら文章を□□していく。
エ □□な判断ができるようにする。

□(2) 次の□にあてはまる語を漢字で書きなさい。

①
```
　 勝
　 ↑
器←□→園
　 ↓
　 隊
```

②
```
　 夕
　 ↓
元→□←平
　 ↑
　 来
```

③
```
　 式
　 ↑
調←□←性
　 ↑
　 同
```

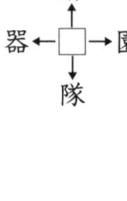

## 31 次の①～⑤の空欄にそれぞれ漢字一字をあてはめ、矢印の方向に読んだ場合に二字の熟語が四つ作れるようにしなさい。

〔例〕
```
　 天
　 ↓
元→気→候
　 ↓
　 温
```

□①
```
　 青
　 ↓
天→□→気
　 ↓
　 白
```

□②
```
　 気
　 ↓
身→□→別
　 ↓
　 配
```

□③
```
　 動
　 ↓
工→□→業
　 ↓
　 品
```

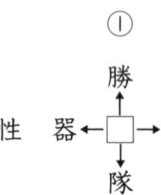

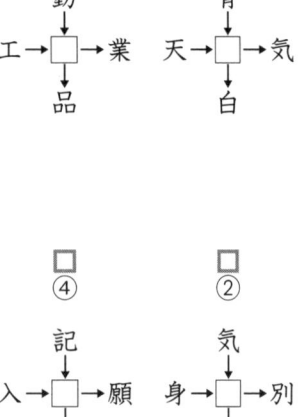

□④
```
　 記
　 ↓
入→□→願
　 ↓
　 仏
```

□⑤ 上：不　左：治　右：心　下：全
（不→□、治→□→心、□→全）

**32** 次の①～⑤は、中心の□に一字の漢字をあてはめ矢印の方向に読むと、例のように四つの二字熟語が完成します。それぞれの□にあてはまる漢字を書きなさい。

〔例〕 砂↓　果→糖→質　↓分　…　砂糖、果糖、糖分、糖質

□① 重↓　負→□→口　↓心

□② 雑↓　日→□→上　↓面

□③ 空↓　山→□→痛　↓部

□④ 一↓　大→□→島　↓衆

□⑤ 加↓　同→□→友　↓約

**33** 次の図の空欄①～⑤に適切な漢字をあてはめ、時計回りで読む熟語のしりとりを完成させなさい。

〔例〕

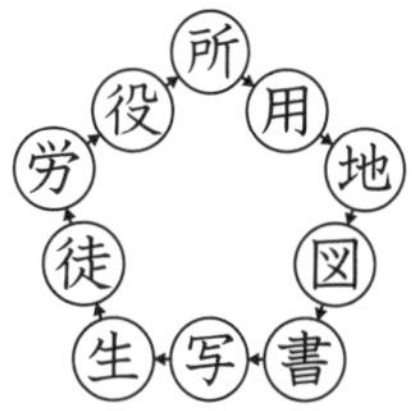


〈読み方〉
所用、用地、地図、図書、書写、写生、生徒、徒労、労役、役所

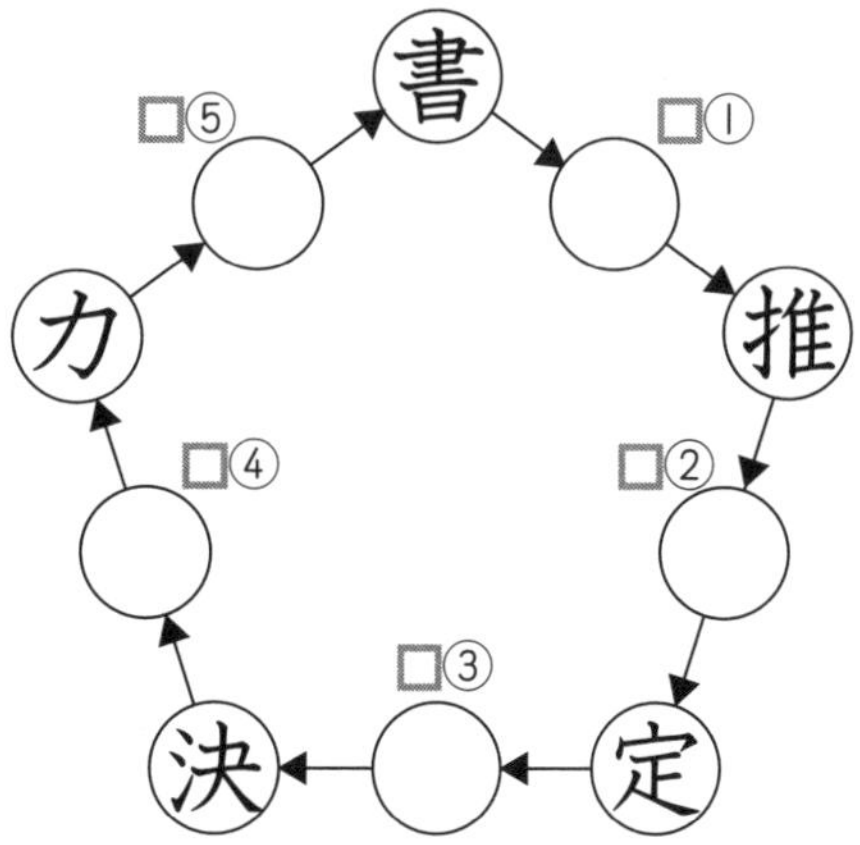

**34** 次の(1)～(5)の漢字はいずれも二通りの音読みができます。それぞれの漢字について、二通りの音をカタカナで、また、それぞれの音を使った熟語を漢字で、例にならって書きなさい。

〔例〕 月

| | 音 | 熟語 |
|---|---|---|
| ① | ガツ | 正月 |
| ② | ゲツ | 明月 |

□(1) 力

| | 音 | 熟語 |
|---|---|---|
| ① | | |
| ② | | |

□(2) 子

| | | |
|---|---|---|
| ① | | |
| ② | | |

□(3) 作

| | | |
|---|---|---|
| ① | | |
| ② | | |

□(4) 家

| | | |
|---|---|---|
| ① | | |
| ② | | |

□(5) 楽

| | | |
|---|---|---|
| ① | | |
| ② | | |

**35** 漢字には音読みと訓読みがあります。熟語は次の㋐㋑の読み方がふつうですが、例外的に㋒や㋓のような読み方もあります。

㋐ 上の字を音で読めば下の字も音で読む

㋑ 上の字を訓で読めば下の字も訓で読む

㋒ 上の字を音で読み下の字を訓で読む重箱(じゅうばこ)読み

㋓ 上の字を訓で読み下の字を音で読む湯桶(ゆとう)読み

次の(1)～(10)の熟語は㋐㋑㋒㋓のどの読み方ですか。記号で答えなさい。

□(1) 食事の用意　□(2) 気軽に相談できる

□(3) 用紙の枚数　□(4) 手紙の消印

□(5) 素直な人　□(6) 台所で手伝う

□(7) 先生の手本　□(8) 鼻血が出た

□(9) バッハの組曲　□(10) 物語を読む

**36** 次の(1)～(10)の熟語の読み方は、Ⓐ、Ⓑ、Ⓒのうちのどれにあてはまりますか。記号で答えなさい。

(A) 音読み＋訓読み （例「番組(ばんぐみ)」＝重箱読み）

(B) 訓読み＋音読み （例「早番(はやばん)」＝湯桶読み）

(C) ⒶとⒷのどちらでもない。

□(1) 野宿　□(2) 客間　□(3) 記者　□(4) 青空

□(5) 身分　□(6) 家事　□(7) 役場　□(8) 仕事

□(9) 合図　□(10) 手本

**37** 次の熟語の読み方が、音・訓読みするものにはA、訓・音読みするものにはBをつけなさい。

□(1) 客間　□(2) 自腹　□(3) 雨具　□(4) 野宿
□(5) 湯気　□(6) 出立　□(7) 仕事　□(8) 新型

**38** 次の(1)～(5)について、例にならい、読みがなをひらがなで、あてはまる読み方を後の㋐～㋓から選び、それぞれ記号で答えなさい。

〔例〕学習　〔答〕がくしゅう・㋐

□(1) 庭木　□(2) 新型　□(3) 長年　□(4) 試合
□(5) 物置

㋐ 音―音　㋑ 訓―訓　㋒ 音―訓　㋓ 訓―音

**39** 熟語の読みには、㋐重箱読み（上が音、下が訓）、㋑湯桶読み（上が訓、下が音）、㋒上下とも音読み、㋓上下とも訓読み があります。次の熟語は、㋐～㋓のどれにあたりますか。記号で答えなさい。

□(1) 仕事　□(2) 野原　□(3) 絵画　□(4) 関所
□(5) 両手

**40** 次の(1)～(5)で、㋐～㋓の熟語の中から――線部の読み方の異なるものを一つずつ選んで、記号で答えなさい。また、その熟語の読み方を、ひらがなで答えなさい。

□(1) ㋐ 本家　㋑ 分家　㋒ 家来　㋓ 家屋
□(2) ㋐ 有名　㋑ 名声　㋒ 名字　㋓ 氏名
□(3) ㋐ 世紀　㋑ 世間　㋒ 時世　㋓ 処世
□(4) ㋐ 灯明　㋑ 明示　㋒ 明白　㋓ 平明
□(5) ㋐ 形体　㋑ 主体　㋒ 体格　㋓ 体裁

**41** 次の(1)～(10)の熟語の読み方は、後の㋐～㋔のどれにあたりますか。記号で答えなさい。

□(1) 投手　□(2) 登山　□(3) 株主　□(4) 果物
□(5) 野原　□(6) 客間　□(7) 時計　□(8) 丸太
□(9) 役場　□(10) 夕刊

㋐ 音と音とで読むもの
㋑ 訓と訓とで読むもの
㋒ 上が音、下が訓で読むもの
㋓ 上が訓、下が音で読むもの
㋔ その他の読み方

# 02 語句・知識

# 同義語・対義語

自分が使えることばを増やしていく。そのとき、同じような意味のことばの組み合わせや、反対の意味のことばの組み合わせに着目する。そうすれば、ある一つのことばを自分のものにしたときに、同時にいくつかのことばを自分のものにすることができ、自分が使えることばがどんどん増えていくだろう。

チャレンジ問題は本文22ページ～

## ★同義語、対義語の関係をとらえよう

(1) 同義語

発音や使われている字はちがうけれども、ことばの意味が似ている関係にあるものを「同義語」と言う。二字熟語（じゅくご）の同義語では、「一字だけちがうもの」（例 天然と自然）、「二字ともちがうもの」（例 同意と賛成）がある。

(2) 対義語

ことばの意味が反対の関係にあるもの（例 内角と外角）、あるいは、対照的な関係にあるもの（例 形式と内容）を「対義語（反対語）」と言う。対義語も同義語と同じく、「一字だけちがうもの」（例 往信と返信）、「二字ともちがうもの」（例 自然と人工）がある。

**例題1** 次の熟語と同じ意味の熟語を書きなさい。

- □(1) 安全
- □(2) 改善
- □(3) 心情
- □(4) 永久
- □(5) 気質
- □(6) 規定
- □(7) 静養
- □(8) 苦心
- □(9) 結末
- □(10) 見物
- □(11) 理由
- □(12) 感動
- □(13) 倹約
- □(14) 欠点
- □(15) 決心
- □(16) 経験
- □(17) 差別
- □(18) 公平
- □(19) 材料
- □(20) 自然

**解答**

(1) 無事　(2) 改良　(3) 感情　(4) 永遠　(5) 気性　(6) 規則　(7) 休養　(8) 苦労　(9) 結果　(10) 見学

(11) 原因　(12) 感激　(13) 節約　(14) 短所　(15) 決意　(16) 体験　(17) 区別　(18) 平等　(19) 原料　(20) 天然

| 問題 | 解答 |
|---|---|
| □(21) 志望 | (21) 志願 |
| □(22) 使命 | (22) 任務 |
| □(23) 辞職 | (23) 辞任 |
| □(24) 失望 | (24) 失意 |
| □(25) 手段 | (25) 方法 |
| □(26) 主要 | (26) 重要 |
| □(27) 準備 | (27) 用意 |
| □(28) 所有 | (28) 所持 |
| □(29) 情勢 | (29) 形勢 |
| □(30) 不安 | (30) 心配 |
| □(31) 消息 | (31) 音信 |
| □(32) 真実 | (32) 真相 |
| □(33) 進歩 | (33) 向上 |
| □(34) 製作 | (34) 製造 |
| □(35) 知己 | (35) 知人 |
| □(36) 長所 | (36) 美点 |
| □(37) 天候 | (37) 天気 |
| □(38) 不平 | (38) 不満 |
| □(39) 風景 | (39) 景色 |
| □(40) 方向 | (40) 方角 |
| □(41) 野望 | (41) 野心 |
| □(42) 有名 | (42) 著名 |
| □(43) 容易 | (43) 簡単 |
| □(44) 冷気 | (44) 寒気 |
| □(45) 同意 | (45) 賛成 |
| □(46) 適当 | (46) 適切 |
| □(47) 事前 | (47) 未然 |
| □(48) 失礼 | (48) 非礼 |

## 例題2 次の熟語と反対の意味の熟語を書きなさい。

| 問題 | 解答 |
|---|---|
| □(1) 赤字 | (1) 黒字 |
| □(2) 悪意 | (2) 善意 |
| □(3) 悪評 | (3) 好評 |
| □(4) 安心 | (4) 心配 |
| □(5) 安全 | (5) 危険 |
| □(6) 移動 | (6) 固定 |
| □(7) 異質 | (7) 同質 |
| □(8) 異常 | (8) 正常 |
| □(9) 一般 | (9) 特殊 |
| □(10) 陰気 | (10) 陽気 |
| □(11) 雨天 | (11) 晴天 |
| □(12) 運動 | (12) 静止 |
| □(13) 円満 | (13) 不和 |
| □(14) 可決 | (14) 否決 |
| □(15) 過去 | (15) 未来 |
| □(16) 過失 | (16) 故意 |
| □(17) 解散 | (17) 集合 |
| □(18) 過剰 | (18) 不足 |
| □(19) 延長 | (19) 短縮 |
| □(20) 革新 | (20) 保守 |
| □(21) 拡大 | (21) 縮小 |
| □(22) 益虫 | (22) 害虫 |
| □(23) 下等 | (23) 上等 |
| □(24) 簡単 | (24) 複雑 |
| □(25) 合唱 | (25) 独唱 |
| □(26) 干潮 | (26) 満潮 |
| □(27) 間接 | (27) 直接 |
| □(28) 感情 | (28) 理性 |
| □(29) 希望 | (29) 絶望 |
| □(30) 起点 | (30) 終点 |
| □(31) 喜劇 | (31) 悲劇 |
| □(32) 義務 | (32) 権利 |
| □(33) 客観 | (33) 主観 |
| □(34) 許可 | (34) 禁止 |
| □(35) 供給 | (35) 需要 |
| □(36) 強固 | (36) 軟弱 |
| □(37) 空腹 | (37) 満腹 |
| □(38) 偶然 | (38) 必然 |
| □(39) 形式 | (39) 内容 |
| □(40) 軽視 | (40) 重視 |
| □(41) 原因 | (41) 結果 |
| □(42) 公転 | (42) 自転 |
| □(43) 公用 | (43) 私用 |
| □(44) 肯定 | (44) 否定 |
| □(45) 公開 | (45) 秘密 |
| □(46) 建設 | (46) 破壊 |

# 02 語句・知識

# 同義語・対義語 ―チャレンジ問題―

解答は別冊3ページ

**1** 次のことばと反対の熟語(じゅくご)を書きなさい。

□(1) 複雑↕□　□(2) 原因↕□　□(3) 直接↕□

**2** 次の(1)～(6)のことばと同じ意味のことばを、後の㋐～㋕の中から選び、記号で答えなさい。

□(1) 勉強　□(2) 同意　□(3) 未来　□(4) 改良

□(5) 決心　□(6) 目標

㋐ 改善　㋑ 目的　㋒ 賛成　㋓ 決意

㋔ 学習　㋕ 将来

**3** 次の語の反対語（あるいは対応する語）を漢字で書きなさい。

□(1) 失敗　□(2) 権利　□(3) 理性　□(4) 主観

□(5) 理想　□(6) 反対　□(7) 原因　□(8) 過去

□(9) 単純　□(10) 形式

**4** 次の(1)～(5)の漢字の反対語を㋐～㋕の中から選び、漢字に直して書きなさい。

□(1) 単純　□(2) 現実　□(3) 過去　□(4) 成功

□(5) 増加

㋐ りそう　㋑ しっぱい　㋒ ふくざつ

㋓ みらい　㋔ こんなん　㋕ げんしょう

**5** 次の熟語と反対語になっているものを後から選び、漢字に直して書きなさい。

□(1) 集合　□(2) 供給　□(3) 縮小　□(4) 反対

□(5) 模倣

㋐ さんせい　㋑ せいこう　㋒ かいさん

㋓ じゅよう　㋔ かくだい　㋕ どくそう

**6** 次の各組で、例にしたがって、①はカタカナの語を漢字で書き、②はその反対の意味の語を漢字で書いて、それぞれの文を完成させなさい。

〔例〕
① （ゲンイン）をどこまでもつきとめる。
② 最悪の（　）になってしまった。

〔答〕
① 原因
② 結果

□(1)
① 安定した（シュウニュウ）をはかる。
② むだな（　）をおさえるようにする。

□(2)
① 自由に出入することを（キョカ）する。
② 勝手な行動を（　）する。

□(3)
① 天下を（シハイ）する。
② じっとがまんして（　）する。

□(4)
① （キョウダイ）な国家の対立を心配する。
② （　）の国々がめいわくする。

□(5)
① 内容がこみいっていて（フクザツ）である。
② （　）で通俗的な考え。

**7** 次のA群とB群から、反対の意味を持つ熟語の組み合わせ、またはよく似た意味を持つ熟語の組み合わせを作り、記号で答えなさい。

【A群】
□① 原因　□② 良否　□③ 具体　□④ 形式
□⑤ 失敗　□⑥ 許可　□⑦ 向上　□⑧ 安全
□⑨ 予習　□⑩ 公平　□⑪ 同意　□⑫ 全体
□⑬ 美点　□⑭ 短縮　□⑮ 心配

【B群】
㋐ 復習　㋑ 実質　㋒ 部分　㋓ 危険　㋔ 賛成
㋕ 禁止　㋖ 抽象（ちゅうしょう）　㋗ 結果　㋘ 平等　㋙ 成功
㋚ 長所　㋛ 善悪　㋜ 延長　㋝ 進歩　㋞ 不安

**8** 次の熟語の反対語（対義語）を書きなさい。

〔例〕赤字→黒字

□(1) 敗北　□(2) 消極　□(3) 快楽　□(4) 到着
□(5) 需要

**9** 次の熟語の同意語（類義語）を書きなさい。

〔例〕安易→容易

□(1) 大事　□(2) 格別　□(3) 手段　□(4) 短所
□(5) 不安

**10** 次の熟語の反対の意味の熟語を、□の中の漢字を組み合わせて書きなさい。

□(1) 集合　□(2) 権利　□(3) 安心
□(4) 消費　□(5) 延長　□(6) 建設
□(7) 必然　□(8) 供給　□(9) 出発
□(10) 利益

| |
|---|
| 義・帰・然・失・産・心・短・務・破・要・生・損・<br>散・着・偶・解・配・需・縮・壊 |

**11** 次の□の中に、反対の意味の漢字を一字入れて熟語を作りなさい。

□(1) 往□　□(2) 開□　□(3) □買
□(4) 進□　□(5) 明□

**12** 次の(1)～(3)までの熟語には漢字二字の対義語（反対語）を、(4)・(5)の熟語には漢字三字の対義語を書きなさい。

□(1) 結果　□(2) 主観　□(3) 権利
□(4) 自然　□(5) 解決

**13** 次の熟語と反対の意味の熟語を、後の語群から選び、漢字に直して書きなさい。

□(1) 利益　□(2) 自然　□(3) 内容　□(4) 病弱
□(5) 平易　□(6) 生産

| |
|---|
| ジンコウ　ケイシキ　ショウヒ　コンナン<br>ソンシツ　キョウケン |

**14** 次の(1)～(5)の五つずつの熟語の中で、たがいに対立する意味を持つ熟語を見つけて、記号で答えなさい。

〔例〕 ㋐ 反対　㋑ 普通　㋒ 最後　㋓ 賛成
㋔ 無効　〔答〕 ㋐—㋓

□(1) ㋐ 疑問　㋑ 安心　㋒ 安全　㋓ 健康
㋔ 心配

□(2) ㋐ 全然　㋑ 自然　㋒ 創造　㋓ 人工
㋔ 自由

□(3) ㋐ 消費　㋑ 生産　㋒ 精算　㋓ 支出
㋔ 供給

□(4) ㋐ 延長　㋑ 中間　㋒ 直接　㋓ 間接　㋔ 接続

□(5) ㋐ 拡大　㋑ 肥大　㋒ 減少　㋓ 単独　㋔ 縮小

**15** 次にある(1)~(4)の語の反対語または対義語は何ですか。後にある㋐~㋕の中から、最も適当と思われるものをそれぞれ一つ選び、記号で答えなさい。

□(1) 感情　□(2) 具体　□(3) 生産

□(4) 理想

| | | | |
|---|---|---|---|
| ㋐ 冷淡 | ㋑ 理性 | ㋒ 損失 | ㋓ 抽象 |
| ㋔ 現実 | ㋕ 消費 | | |

**16** 次の(1)~(8)は、それぞれ上段の語と下段の語とが反対語になっています。例にならって、上段の○に入る最も適当な一字を㋐~㋘の中から選び、それぞれ記号で答えなさい。（一字一回に限る。）また、下段の□に入る漢字一字をそれぞれ書きなさい。

〔例〕○春 ↕ □春　〔答〕㋐ 晩

□(1) ○点 ↕ □点

□(2) ○動 ↕ □動

□(3) ○対 ↕ □対

□(4) ○境 ↕ □境

□(5) ○任 ↕ □任

□(6) ○況（きょう） ↕ □況

□(7) ○観 ↕ □観

□(8) ○算 ↕ □算

| | | | | |
|---|---|---|---|---|
| ㋐ 早 | ㋑ 辞 | ㋒ 不 | ㋓ 予 | ㋔ 絶 |
| ㋕ 逆 | ㋖ 受 | ㋗ 美 | ㋘ 悲 | |

**17** 次の(1)~(5)のAとBの語が反対の意味になるように、□に最も適切な漢字一字を入れて、熟語を完成させなさい。

□(1) A □務 ↕ B □利

□(2) A □単 ↕ B □雑

□(3) A 消□ ↕ B 生□

□(4) A 子□ ↕ B □先

□(5) A 公□ ↕ B □密

**03** 語句・知識

# 同音異義語・同訓異字

チャレンジ問題は本文29ページ〜

日本語では、発音すると同じなのに、意味や漢字が異なる(こと)ことばがある。

たとえば、「はかる」は、「時間を計る」「面積を測る」「目方を量る」「計画の実行を図る」というように、漢字を使い分ける。

「たいしょう」は、「小学生を対象としたアンケート」「双子なのに性格は対照的だ」「左右対称の図形」というように、漢字を使い分ける。

文の内容をとらえるとき、発音は同じでも意味が異なることばを正しくとらえることができると、文の内容を誤解(ごかい)せずにすむ。

同じ読みをする熟語(じゅくご)だが意味が異なる「同音異義語(いぎ)」や、同じ訓読みをする漢字だが意味が異なる「同訓異字」を自分のものにしていこう。

**例題1** 次のカタカナを漢字に直しなさい。

□ (1)
- 消息をタつ。
- あまい物をタつ。
- 布をタつ。
- 筆がタつ。
- 建物がタつ。

□ (2)
- 成功をオサめる。
- 国をオサめる。
- 学問をオサめる。
- 税金をオサめる。

□ (3)
- 火のモトを点検する。
- モトを正す。
- 法のモトに平等だ。
- 法則にモトづく。

**解答**

(1) 絶　断　裁　立　建

(2) 収　治　修　納

(3) 元　本　下　基

□(4)
・夏はアツい。
・アツいお茶を飲む。
・ぶアツい本がならんでいる。

□(5)
・感情を顔にアラワす。
・突然姿(とつぜんすがた)をアラワす。
・書物をアラワす。

□(6)
・写真をウツす。
・鏡に自分をウツす。
・住まいをウツす。

□(7)
・解決にツトめる。
・会社にツトめる。
・委員をツトめる。

□(8)
・よごれをトる。
・社員を新しくトる。
・ねずみをトる。

□(9)
・会議にノゾむ。
・山を遠くにノゾむ。
・海にノゾんだ家。

(4) 暑 熱 厚
(5) 表 現 著
(6) 写 映 移
(7) 努 勤 務
(8) 取 採 捕
(9) 臨 望 臨

---

□(10)
・先生の話をキく。
・薬がキく。
・機転がキく。

□(11)
・鳥がナく。
・虫がナく。
・赤ん坊(ぼう)がナく。

□(12)
・残り時間がナい。
・ナき母をしのぶ。

□(13)
・責任をオう。
・犯人をオう。
・荷物を背オう。

(10) 聞 効 利
(11) 鳴 鳴 泣
(12) 無 亡
(13) 負 追 負

**例題2** 次のカタカナを漢字に直しなさい。

□(1)
・人のカンシンを買った。
・見事なうで前にカンシンする。
・カンシンにたえない光景。
・自動車にカンシンを持つ。

**解答**

(1) 歓心 感心 寒心 関心

□(2)
- 同音イギ語を勉強する。
- 議長にイギを唱える。
- イギのある仕事にとりくんだ。

□(3)
- 責任をツイキュウする。
- 目的をツイキュウする。
- 理論(りろん)をツイキュウする。

□(4)
- 精密(せいみつ)キカイを点検する。
- キカイ体操(たいそう)が得意だ。
- 今が絶好のキカイだ。

□(5)
- 明日のヨウイはできた。
- ヨウイに事がすすんでよかった。

□(6)
- エイセイ中立を守る。
- 人工エイセイが飛ぶ。
- 健康エイセイに気をつける。

□(7)
- 今日から交通安全シュウカンがはじまる。
- 食後に歯をみがくシュウカンがある。
- シュウカン誌(し)を買う。

□(8)
- イジョウな様子が見られる。
- べつにイジョウなし。

(2) 異義 異議 意義
(3) 追及 追求 追究
(4) 機械 器械 機会
(5) 用意 容易
(6) 永世 衛星 衛生
(7) 週間 習慣 週刊
(8) 異常 異状

---

□(9)
- 人々からカンセイがわきおこる。
- 犬小屋がカンセイした。
- カンセイの協議会。
- カンセイで上体が前に傾(かたむ)く。

□(10)
- 列のサイゴに並(なら)ぶ。
- 戦争でサイゴをとげる。

□(11)
- 安全のホショウをする。
- 身元ホショウ人。

□(12)
- 受け入れタイセイを整える。
- 弓をひくタイセイをとる。
- 社会のタイセイを立て直す。

□(13)
- シンロを変えて南へ行く。
- シンロ指導をする。

□(14)
- キゲン前二千年の世界を想像する。
- 原稿(げんこう)のキゲンがせまる。
- 星のキゲンをさぐる。

□(15)
- 学校のコウカをうたう。
- コウカなものを買う。
- 薬のコウカをためす。

(9) 歓声 完成 官製 慣性
(10) 最後 最期
(11) 保障 保証
(12) 態勢 体勢 体制
(13) 針路 進路
(14) 紀元 期限 起源
(15) 校歌 高価 効果

# 03 語句・知識

# 同音異義語・同訓異字

## ―チャレンジ問題―

解答は別冊4ページ

**1** 次の各組の――線部のカタカナの語は同じ発音ですが、意味がちがいます。それぞれの文の意味にふさわしい漢字に改めなさい。

□(1)
- ㋐ 奴隷(どれい)をカイホウする。
- ㋑ 門戸をカイホウする。
- ㋒ 病気がカイホウに向かう。

□(2)
- ㋐ よく見ると左右タイショウではない人間の顔。
- ㋑ 弟は兄とタイショウ的な性格だ。
- ㋒ 砂漠(さばく)をタイショウの一団が進んで行く。

□(3)
- ㋐ 失敗したことをハンセイする。
- ㋑ 自分のハンセイを振(ふ)り返る。

□(4)
- ㋐ 神が世界をソウゾウした。
- ㋑ 二十年後の姿(すがた)をソウゾウする。

**2** 次の(1)～(5)までの短文中のカタカナに適当する漢字を後の（　）内から選び、書きなさい。

□(1) 近ごろになって兄は自動車の運転を習いハジめた。

□(2) 来月のハジめからわたしも野球部に入ります。

□(3) 国民は義務として税金をオサめている。

□(4) 知事は各都道府県をオサめている。

□(5) 北の海では漁船が消息をタって三日めになる。

（治　開　初　建　納　絶　立　始　止　閉）

**3** 次のカタカナの語を、漢字に書き改めて（　）の中に書きなさい。

□(1) ショヨウ
- （　　）があって外出する。
- （　　）時間は一時間だ。

□(2) ムジョウ
- （　　）なしうちを受ける。
- 人生は（　　）なものである。

□(3) ヒッシ
- （　　）に戦ったが、敗れた。
- 国会の解散は（　　）だ。

□(4) カンシン〈かれは読書に（　　）を持つ。／かれは（　　）な生徒である。〉

**4** 次の訓読みをする漢字を、それぞれ（　）の中に書きなさい。

□(1) へる　（　　）・（　　）
□(2) あつい　（　　）・（　　）・（　　）
□(3) さめる　（　　）・（　　）

**5** 次のカタカナの部分を漢字に直しなさい。

□(1) タつ〈消息をタつ。／酒をタつ。〉
□(2) ハカる〈米をますでハカる。／時間をハカる。〉
□(3) ウツす〈住所をウツす。／手本をウツす。／鏡にウツす。〉
□(4) ツトめる〈完成にツトめる。／会社にツトめる。〉

---

**6** (1)〜(5)の各組の□に、文の意味にふさわしい漢字を入れなさい。

□(1) オサめる〈① 学問を□める。／② 国を□める。〉
□(2) ススめる〈① 前へ□める。／② 入会を□める。〉
□(3) キき〈① 薬の□きめ。／② 左□き。〉
□(4) アヤマる〈① 書き□る。／② 失礼を□る。〉
□(5) トトノえる〈① 列を□える。／② 費用を□える。〉

**7** 次の(1)〜(3)の語は、①・②とも同じ音です。それぞれの意味に従（したが）って、カタカナの部分を漢字で書きなさい。

□(1) オウタイ〈① 客のオウタイに出る。／② 二列オウタイになる。〉
□(2) ゲンショウ〈① 人口がゲンショウする。／② 自然ゲンショウがみられる。〉
□(3) シュウセイ〈① 誤字（ごじ）のシュウセイをする。／② 変なシュウセイがある。〉

**8** 次の(1)〜(4)のことばを、それぞれの内容により漢字で書き分けなさい。

□(1) カえる
- ㋐ 形をカえる。
- ㋑ あいさつにカえる。

□(2) トく
- ㋐ 問題をトく。
- ㋑ 道理をトく。

□(3) ハカる
- ㋐ 道のりをハカる。
- ㋑ 目方をハカる。
- ㋒ 時間をハカる。

□(4) タつ
- ㋐ 腹がタつ。
- ㋑ 家がタつ。
- ㋒ 命をタつ。

**9** 次のカタカナにあたる漢字を書きなさい。

□(1)
- ① 仏前にソナえる。
- ② 台風にソナえる。

□(2)
- ③ 相手をマかす。
- ④ 仕事をマカす。

□(3)
- ⑤ 会社にツトめる。
- ⑥ 受付をツトめる。
- ⑦ 完成にツトめる。

□(4)
- ⑧ 国をオサめる。
- ⑨ 税をオサめる。
- ⑩ 医学をオサめる。

**10** 次の各組の二つの□にはそれぞれちがう漢字が入りますが、その読みは同じで、上に示してあります。それぞれの漢字を書きなさい。

□(1) ト
- ㋐ 難問(なんもん)を□く。
- ㋑ 意義を□く。

□(2) ツト
- ㋐ 改善(かいぜん)に□める。
- ㋑ 会社に□める。

□(3) スス
- ㋐ 論(ろん)を□める。
- ㋑ 進学を□める。

□(4) オサ
- ㋐ 学業を□める。
- ㋑ 国を□める。

□(5) キ
- ㋐ □き腕(うで)を折る。
- ㋑ よく□く薬。

**11** 次のカタカナの部分を漢字に直しなさい。

□(1) ㋐ テニスのドウコウ会に入会した。
㋑ 相手チームのドウコウを探(さぐ)る。

□(2) ㋐ スイスはエイセイ中立国です。
㋑ 保健エイセイに注意する。

□(3) ㋐ 橋をカイシュウする。
㋑ 使えないものをカイシュウする。

□(4) ㋐ ショシンに返って努力する。
㋑ ショシン表明の演説をする。

□(5) ㋐ わたしはキカイ体操(たいそう)部に入部した。
㋑ 相談するのによいキカイをうかがう。

**12** 次の(1)~(10)の文中のカタカナにふさわしい漢字を、それぞれ㋐~㋒から一つずつ選び、記号で答えなさい。

□(1) 入院して二週間たつころ、やっとカイホウに向かった。
〈㋐ 解放　㋑ 快方　㋒ 開放〉

□(2) コウセイに名を残す大発見だ。
〈㋐ 後世　㋑ 攻勢　㋒ 構成〉

□(3) 祖父のイシをついで山を守る。
〈㋐ 意思　㋑ 遺志　㋒ 医師〉

□(4) 地球にエイセイの平和が訪(おとず)れることを願う。
〈㋐ 衛生　㋑ 衛星　㋒ 永世〉

□(5) 妹はキショウがはげしいので、友だちとよくけんかする。
〈㋐ 気象　㋑ 気性　㋒ 起床〉

□(6) シュウカンの雑誌(ざっし)を定期的に読んでいる。
〈㋐ 週間　㋑ 週刊　㋒ 習慣〉

□(7) 学習に取り組むタイセイとなっている。
〈㋐ 態勢　㋑ 大勢　㋒ 体制〉

□(8) 試合の後半、コウキをとらえて攻(せ)めに転じた。
〈㋐ 高貴　㋑ 好機　㋒ 好奇〉

□(9) 世の人にもっとカンシンを持ってほしい。
〈㋐ 感心　㋑ 寒心　㋒ 関心〉

□(10) いいキカイだから、よく話し合おう。
〈㋐ 機械　㋑ 機会　㋒ 器械〉

**13** 次の(1)~(10)の、各a~cのカタカナにあたる漢字を、それぞれ下の㋐~㋒から一つずつ選び、記号で答えなさい。

□(1) a 研究にツトめる。
b 研究所にツトめる。
c 研究員をツトめる。
〈㋐ 務　㋑ 勤　㋒ 努〉

□(2)
a 武芸をオサめる。
b 暴動をオサめる。
c 年貢(ねんぐ)をオサめる。
〈ア 納 イ 修 ウ 治〉

□(3)
a 角度をハカる。
b 安全をハカる。
c 時間をハカる。
〈ア 測 イ 計 ウ 図〉

□(4)
a 法のモトに平等だ。
b 火のモトに注意する。
c 国のモトとなる産業。
〈ア 下 イ 元 ウ 基〉

□(5)
a 打ちアける。
b 家をアける。
c 店をアける。
〈ア 空 イ 明 ウ 開〉

□(6)
a 生地をタつ。
b 消息をタつ。
c 退路をタつ。
〈ア 絶 イ 断 ウ 裁〉

□(7)
a 論文をアラワす。
b 正体をアラワす。
c 喜びをアラワす。
〈ア 著 イ 表 ウ 現〉

□(8)
a アツい部屋。
b アツい壁(かべ)。
c アツい湯。
〈ア 厚 イ 熱 ウ 暑〉

□(9)
a 冷房(れいぼう)がキく。
b 道順をキく。
c 無理がキく。
〈ア 効 イ 利 ウ 聞〉

□(10)
a 鏡にウツす。
b 答えをウツす。
c 住まいをウツす。
〈ア 移 イ 映 ウ 写〉

**14** 次の(1)〜(4)の読み方が同じ語について、a・bそれぞれの文の意味に合うように、——線部のカタカナを漢字に直しなさい。

□(1)
a これは子供(こども)をタイショウとした劇だ。
b 二人はタイショウ的な性格だ。

□(2)
a メイアンを思いついた。
b その時にメイアンがわかれた。

□(3)
a カイシンの笑みをうかべた。
b 今はカイシンしてまじめに働いている。

□(4)
a 百科ジテンで調べる。
b 国語ジテンを引く。

# 04 語句・知識

# 四字熟語

四字熟語（じゅくご）を使うことで、気持ちや様子を短く言い表すことができたり、生きていくうえでの知恵を述べたりすることができる。この点では、四字熟語は、ことわざや慣用句と似ている。

「ことわざや慣用句」と四字熟語がちがう点は、四字熟語はすべて漢字で表されているため、読み方や漢字に注目しただけでは、四字熟語が持つ意味をとらえにくいことがあるという点である。

四字熟語の意味をとらえるときに、「熟語の組み立て・読み方」や、四字熟語の特徴（とくちょう）（数字が使われているものが多い、同じ漢字が使われているものが多い、反対の意味を持つ漢字が使われているものが多いなど）をふまえてみよう。そして四字熟語を自分のものにしていこう。

**例題**　（　）に適当な漢字をあてはめなさい。

- □(1) 暗中（　）索
- □(2) 異（　）同音

**解答**
(1) 模
(2) 口

- □(3) 一石二（　）
- □(4) 一挙（　）得
- □(5) 喜怒（　）楽
- □(6) 自（　）自得
- □(7) 大（　）小異
- □(8) 半信半（　）
- □(9) 付（　）雷同
- □(10) 東奔西（　）
- □(11) 前代未（　）
- □(12) 四苦（　）苦
- □(13) （　）里霧中
- □(14) 起死（　）生
- □(15) 温（　）知新
- □(16) 勧（　）懲悪
- □(17) 危機一（　）
- □(18) 無我（　）中

(3) 鳥　(4) 両　(5) 哀　(6) 業　(7) 同　(8) 疑　(9) 和　(10) 走　(11) 聞　(12) 八　(13) 五　(14) 回　(15) 故　(16) 善　(17) 髪　(18) 夢

チャレンジ問題は本文36ページ～

□(19) 絶（　）絶命
□(20) 千差（　）別
□(21) 我田引（　）
□(22) 取（　）選択
□(23) 臨（　）応変
□(24) 単（　）直入
□(25) 用意周（　）
□(26) 奇（　）天外
□(27) 一朝一（　）
□(28) 自由自（　）
□(29) 一（　）一憂
□(30) 起（　）転結
□(31) 言語（　）断
□(32) 空前（　）後
□(33) （　）心伝心
□(34) 疑心暗（　）
□(35) 縦横（　）尽
□(36) 心機一（　）
□(37) 傍（　）無人
□(38) 雲（　）霧消

(19) 体　(20) 万　(21) 水　(22) 捨　(23) 機　(24) 刀　(25) 到　(26) 想　(27) 夕　(28) 在　(29) 喜　(30) 承　(31) 道　(32) 絶　(33) 以　(34) 鬼　(35) 無　(36) 転　(37) 若　(38) 散

---

□(39) （　）枯盛衰
□(40) 公平無（　）
□(41) 完全無（　）
□(42) 老（　）男女
□(43) 公（　）正大
□(44) 一日（　）秋
□(45) 右往左（　）
□(46) 有名無（　）
□(47) 日（　）月歩
□(48) 適（　）適所
□(49) 悪（　）千里
□(50) 花鳥（　）月
□(51) 二（　）三文
□(52) 一心不（　）
□(53) 千客（　）来
□(54) 古（　）東西
□(55) 千（　）万化
□(56) （　）転八起
□(57) 本（　）転倒
□(58) 支（　）滅裂

(39) 栄　(40) 私　(41) 欠　(42) 若　(43) 明　(44) 千　(45) 往　(46) 実　(47) 進　(48) 材　(49) 事　(50) 風　(51) 束　(52) 乱　(53) 万　(54) 今　(55) 変　(56) 七　(57) 末　(58) 離

# 04 語句・知識

# 四字熟語

## ―チャレンジ問題―

解答は別冊4ページ

**1** 次の(1)～(10)のひらがなのことばを四字の漢字に直しなさい。

□(1) いちぶしじゅう　□(2) のうりつていか
□(3) こくさいしんぜん　□(4) しょくぶつさいしゅう
□(5) せんさばんべつ　□(6) しゅうがくりょこう
□(7) おうだんほどう　□(8) じゅようきょうきゅう
□(9) けんちくしざい　□(10) いくどうおん

**2** 次のⒶの二字とⒷの二字を結びつけて、四字の熟語（じゅくご）になるようにしなさい。ただし同じものを二回用いてはいけません。

Ⓐ
□① 自問　□② 門戸　□③ 大同　□④ 一望
□⑤ 単刀　□⑥ 言語　□⑦ 不言　□⑧ 空前
□⑨ 意気　□⑩ 共存

Ⓑ
㋐ 千里　㋑ 実行　㋒ 自答　㋓ 共栄　㋔ 直入
㋕ 開放　㋖ 投合　㋗ 道断　㋘ 絶後　㋙ 小異

**3** 次の(1)～(10)の四字の熟語の欠けているところに適当な漢字を入れたうえで、その熟語の読みを書きなさい。

□(1) 異（　）同音　（多くの人びとの言うことが一致（いっち）すること）
□(2) 日（　）月歩　（たえず進歩発展すること）
□(3) 前代（　）聞　（これまでに聞いたことがないこと）
□(4) 弱（　）強食　（弱いものが強いものにほろぼされること）
□(5) 起死（　）生　（絶望的なものを持ち直させること）
□(6) 適（　）適所　（適当な人を適当な場所におくこと）
□(7) （　）刀直入　（まえおきなしに本題に入ること）
□(8) （　）心伝心　（無言のうちにたがいの心もちが通じること）
□(9) （　）前絶後　（いままでになくこれからもないと思われるごくまれなこと）
□(10) 大器（　）成　（大人物は急には大物にならないこと）

**4** 次の――線部の意味にあたることばを、後のカタカナの中から選び、漢字に直して書きなさい。

□(1) 現代の科学は、たえず進歩し、とどまることがありません。

□(2) 塚田（つかだ）君は元気でほがらかな中学生です。

□(3) 木村（きむら）君は決してうそをつかない人です。

□(4) 彼（かれ）は好きなこととなると、われを忘（わす）れて熱中するくせがある。

□(5) 日本には、石油や石炭など、物を生産するもとの原料になる物質が少ない。

メイロウ　セイジツ　ニッシンゲッポ　テンネンシゲン

ムガムチュウ　コウメイセイダイ

**5** 次の二字の漢字を用いて四字の熟語を作りたいと思います。後の二字の漢字を組み合わせて熟語を完成させなさい。

□(1) 一石□□

□(2) 単刀□□

□(3) 臨機□□

□(4) 一心□□

〈応変　二鳥　一退　不乱　直入〉

**6** 次の□に適当な漢字を入れて、下の（　）の意味に合う四字の熟語を完成させなさい。

□(1) □□大敵（不注意は失敗のもと）

□(2) 一□両□（一つのことをして二つの利益をえる）

□(3) □□直入（まえおきなしに直接、本題に入ること）

□(4) □□工夫（新しい考えや、新しい物を作りだす）

□(5) □心□心（口に出して言わなくとも心が通じること）

□(6) 大□小□（わずかなちがい。たいしてちがわないこと）

**7** 次の□に適当な漢数字を入れて、下の意味に合う四字の熟語を作りなさい。

□(1) 一日□秋……ひじょうに待ち遠しい様子

□(2) 四苦□苦……ひどく苦しむ様子

□(3) 百発□中……予想したことが全部あたること

□(4) 千差□別……それぞれが、さまざまにちがうこと

□(5) 七転□倒……苦しくて、ころげまわること

**8** 次の(1)〜(5)の四字熟語のグループの中で成り立ちの異（こと）なる熟語を一つ選び、それぞれ記号で答えなさい。また、選んだもの以外の四つの熟語の成り立ちとして適切なものを、後の①〜⑤の中からそれぞれ番号で答えなさい。

□(1) ㋐ 悪戦苦闘（あくせんくとう）　㋑ 公明正大（こうめいせいだい）　㋒ 我田引水（がでんいんすい）　㋓ 完全無欠（かんぜんむけつ）　㋔ 無理難題（むりなんだい）

□(2) ㋐ 面従腹背（めんじゅうふくはい）　㋑ 知小謀大（ちしょうぼうだい）　㋒ 針小棒大（しんしょうぼうだい）　㋓ 内柔外剛（ないじゅうがいごう）　㋔ 日進月歩（にっしんげっぽ）

□(3) ㋐ 古今東西　㋑ 利害得失　㋒ 離合集散

㋓ 有名無実　㋔ 老若男女

□(4) ㋐ 首尾一貫　㋑ 油断大敵　㋒ 一石二鳥

㋓ 意気消沈　㋔ 大器晩成

□(5) ㋐ 喜怒哀楽　㋑ 臨機応変　㋒ 花鳥風月

㋓ 冠婚葬祭　㋔ 起承転結

〈成り立ち〉

① 上の熟語が下の熟語にかかっていくもの。

② 反対の意味の熟語を組み合わせたもの。

③ 一字一字が対等の関係にあるもの。

④ 似た意味の熟語を組み合わせたもの。

⑤ 反対の意味の語でできた熟語どうしを組み合わせたもの。

**9** 次の四字熟語の□にあてはまる漢字を答え、それぞれの熟語の意味を㋐～㋔の中から選び、記号で答えなさい。

□① □言実行　□② 針小□大　□③ 用意□到

□④ 空前□後　□⑤ 自□自賛

㋐ 自分のした行為を自分でほめること。

㋑ 準備が行き届いて、手ぬかりがないこと。

㋒ 文句や理屈を言わず、黙って成すべきことを行うこと。

㋓ 過去に例がなく、将来もありえそうにないこと。

㋔ 小さなことを、大げさに言い立てること。

**10** 次の㋐～㋙の四字熟語の□に入る漢字を使用し、①～⑤の熟語の構成に合う熟語を、それぞれ作りなさい。

㋐ 意味□長　㋑ □身出世　㋒ □態依然

㋓ 自□自足　㋔ 一□千里　㋕ 挙□一致

㋖ □断大敵　㋗ □進気鋭　㋘ □千山千

㋙ 他力本□

□① 重病　□② 地震　□③ 育児

□④ 賞罰　□⑤ 思考

**11** 次の読みになる四字熟語を漢字で書きなさい。また、それぞれの熟語の構成を後から選び、記号で答えなさい。（同じ記号を二度以上使ってもかまいません。）

□(1) シツギオウトウ

□(2) キョウドゲイノウ

□(3) ダイドウショウイ

□(4) コウヘイムシ

□(5) キショウテンケツ

ア 上と下の二字熟語が似た意味のもの
イ 上と下の二字熟語が反対の意味のもの
ウ 上の二字熟語が下の二字熟語を説明している関係のもの
エ 四字が対等の関係で並（なら）んでいるもの

**12** **次の四字熟語のことばの組み立てと同じものを後の語群の中からそれぞれ選び、漢字に直して答えなさい。**

□(1) 完全無欠
□(2) 老若男女

【語群】
たいきばんせい　むがむちゅう　ゆうめいむじつ
ここんとうざい　いくどうおん　がでんいんすい

**13** **次の空欄（くうらん）に適切な漢字を入れ、四字熟語を完成させなさい。また、それぞれの意味を後から選び、記号で答えなさい。**

□(1) （　）和雷同　□(2) （　）刀直入
□(3) 言語（　）断　□(4) 一日千（　）
□(5) （　）心暗鬼

ア もっともらしい言葉で、たくみに人をごまかすこと。
イ 前置きがなく、いきなり本論（ほんろん）に入ること。
ウ 非常に待ち遠しく感じられること。
エ 何でもないことまで心配しておそれること。
オ 自分では何も考えずに、人の意見や主張に賛成すること。
カ 非常に短い時間。行動のすばやいこと。
キ あきれて言葉に言い表せないほどひどいこと。

**14** **次の(1)~(5)のことばの□に、それぞれ漢字一字を入れて四字熟語を完成させなさい。また、その四字熟語が（　）にあてはまる文をア~オから選び、その記号で答えなさい。**

□(1) 空前□後　□(2) 本末転□　□(3) □気投合
□(4) 自□自足　□(5) □機応変

ア 時間にほとんど余ゆうがないので、その場の様子で（　）に判断する。
イ 成績のためだけに勉強するなんて、それこそ（　）だ。
ウ 私（わたくし）たちは顔も知らなかったのに、出会ったとたんに（　）した。
エ 都会をのがれ、いなかの自然の中で（　）の生活を始める。
オ 彼（かれ）の思い切った行動は、まさに（　）の大事件を引き起こした。

**15** 次の①～⑩の四字熟語を完成するために、それぞれの（　）にあてはまる語を後の語群から選び、記号で答えなさい。

□① 三権（　）　□② 意気（　）　□③ 地下（　）

□④ 海難（　）　□⑤ 雨天（　）　□⑥ （　）主義

□⑦ （　）家族　□⑧ （　）直下　□⑨ （　）回生

□⑩ （　）禁物

【語群】

㋐ 資源　㋑ 改革　㋒ 起死　㋓ 母系　㋔ 勝手

㋕ 急転　㋖ 列車　㋗ 利己　㋘ 絶命　㋙ 救助

㋚ 順延　㋛ 在民　㋜ 油断　㋝ 分立　㋞ 投合

**16** 次の(1)～(5)の意味を持つ四字熟語を後の㋐～㋖の中からそれぞれ選び、記号で答えなさい。

□(1) 今の時代と合わないこと

□(2) 考え方がそれぞれちがうこと

□(3) たえず進歩発展していること

□(4) 追いつめられて逃げられないこと

□(5) ぐずぐずしていて決断力のないこと

㋐ 付和雷同　㋑ 優柔不断　㋒ 十人十色　㋓ 無我夢中

㋔ 時代錯誤　㋕ 日進月歩　㋖ 絶体絶命

**17** □次のA群の熟語とB群の熟語を組み合わせて四字熟語を四組作りなさい。ただし組み合わせはそれぞれ記号で答えなさい。

【A群】① 千載　② 一騎　③ 東奔　④ 馬耳

⑤ 同工　⑥ 本末　⑦ 意味　⑧ 七転

【B群】㋐ 東風　㋑ 蛇尾　㋒ 千秋　㋓ 地異

㋔ 転倒　㋕ 当千　㋖ 一憂　㋗ 異曲

**18** 次にあげる①～⑮の四字熟語に関して、(1)～(8)の問いに答えなさい。

① A苦B苦（非常に苦しむこと）

② A発B中（すべて命中すること）

③ A期B会（一生にたった一度の出会い）

④ A変B化（めまぐるしく変わる）

⑤ A載B遇（めったにない良い機会）

⑥ A挙B動（一つ一つのふるまい）

⑦ A寒B温（三日寒い日が続けば四日間は暖かい）

⑧ A長B短（長所があれば短所もある）

⑨ A転B倒（ころげまわって苦しみもだえる）

⑩ A刻B金（わずかな時間にも大切な価値がある）

⑪ Ａ人Ｂ色（人の好みや考えはそれぞれちがう）
⑫ Ａ進Ｂ退（よくなったり悪くなったり）
⑬ Ａ差Ｂ別（それぞれに違（ちが）っている）
⑭ Ａ石Ｂ鳥（一つのことで同時に二つのことを得る）
⑮ Ａ朝Ｂ夕（わずかの日時）

□(1) Ａ・Ｂのどちらにも漢数字の「一」が入る熟語は全部でいくつありますか。算用数字で答えなさい。
□(2) Ａ・Ｂのどちらにも漢数字「十」が入るものはどれですか。
□(3) Ａ・Ｂのどちらにも漢数字「百」が入るものはどれですか。
□(4) Ａが「四」、Ｂが「八」である熟語はどれですか。
□(5) Ａ・Ｂにそれぞれ「一」「千」が入る熟語はどれですか。
□(6) Ａ・Ｂにそれぞれ「七」「八」が入る熟語はどれですか。
□(7) Ａ・Ｂにそれぞれ「千」「一」が入る熟語はどれですか。
□(8) Ａに「千」、Ｂに「万」が入る熟語を番号の若い順に二つあげなさい。

**19** 次の四字熟語の構成を考えたとき、それぞれの㋐～㋓の中に一つだけちがうものがふくまれています。それはどれですか。記号で答えなさい。

□(1) ㋐ 一期一会　㋑ 一喜一憂　㋒ 一進一退　㋓ 晴耕雨読
□(2) ㋐ 威風堂々　㋑ 意気揚々　㋒ 興味津々　㋓ 奇々怪々
□(3) ㋐ 花鳥風月　㋑ 質疑応答　㋒ 風林火山　㋓ 喜怒哀楽
□(4) ㋐ 東奔西走　㋑ 日進月歩　㋒ 画竜点睛　㋓ 海千山千

**20** 次の四字熟語の空欄にあてはまる漢数字を答えなさい。また、それぞれの意味を㋐～㋕から選び、記号で答えなさい。

□(1) □刻□金　□(2) □臓□腑（ぷ）
□(3) □束□文　□(4) □朝□夕（せき）
□(5) □転□起

㋐ 一度限りのこと
㋑ わずかな時間が価値をもつこと
㋒ 何度失敗してもふるいたってがんばること
㋓ 腹（はら）の中、心の中のこと
㋔ 短い期間のこと
㋕ ひどく安い値段（ねだん）のこと

# 05 語句・知識

# ことわざ・慣用句

わたしたちが毎日使っていることばの中には、昔から人々によく使われてきたことばがある。その中で、気持ちや様子、生きていくうえでの知恵を、たとえを使ったり、体を表すことばを使ったりして表したことばが「ことわざ」「慣用句」である。

「ことわざ」には、仕事や勉強の方法を伝えるもの、生活の知識・知恵を伝えるもの、人間の特徴を表したもの、人生の心得を伝えるものなどがある。

「慣用句」は、二つ以上のことばが結び付き、ある一つの決まり文句になって、気持ちや様子などを表すことばである。

ことわざや慣用句を自分のものにすることで、文を読んだり書いたりするときだけでなく、生きていくうえでも活用することができる。

**例題1** 次のそれぞれのことわざを完成させなさい。○の中にはひらがなを、□の中には漢字を一字ずつ入れなさい。また、意味のわからないことわざがあったら、調べておきましょう。

- □ (1) 青は○○より出でて○○より青し
- □ (2) □の日はつるべ落とし
- □ (3) □□千里を走る
- □ (4) 頭の上の○○も追われぬ
- □ (5) 暑さ寒さも□□まで
- □ (6) ○○はちとらず
- □ (7) 雨だれ□をうがつ
- □ (8) 雨降って□固まる
- □ (9) 蟻の□から堤の崩れ
- □ (10) 言うは易く□うは難し
- □ (11) 石の上にも□年
- □ (12) □□をたたいて渡る

**解答**

(1) あい（藍）　(2) 秋　(3) 悪事　(4) はえ　(5) 彼岸　(6) あぶ　(7) 石　(8) 地　(9) 穴　(10) 行　(11) 三　(12) 石橋

チャレンジ問題は本文56ページ～

□ (13) □□の不養生＝坊主(ぼうず)の不信心＝紺屋(こうや)の白袴(しろばかま)
□ (14) □□足りて礼節を知る
□ (15) □寸の虫にも□分の魂(たましい)
□ (16) □○□の蛙(かわず)大海を知らず
□ (17) 魚心あれば□□
□ (18) 鵜(う)のまねをする○○○
□ (19) 雨後の○○○○
□ (20) 鵜の目、○○の目
□ (21) 馬の耳に□□＝馬耳東風＝馬に経文
□ (22) 瓜(うり)のつるに○○○はならぬ＝かえるの子はかえる＝とびの子たかにならず↕とびがたかを生む＝氏より育ち
□ (23) えびで○○を釣(つ)る
□ (24) □○○子に教えられて浅瀬(あさせ)を渡る
□ (25) 鬼(おに)に□□
□ (26) 鬼のいぬまに○○○○
□ (27) 鬼の目にも○○○
□ (28) 鬼も□□、番茶も出花
□ (29) 帯に短し○○○に長し

(13) 医者
(14) 衣食
(15) 一、五
(16) 井の中
(17) 水心
(18) からす
(19) たけのこ
(20) たか
(21) 念仏
(22) なすび
(23) たい
(24) 負うた
(25) 金棒(かなぼう)
(26) せんたく
(27) なみだ
(28) 十八
(29) たすき

---

□ (30) おぼれるものは○○をもつかむ
□ (31) 思う念力□をも通す＝石に立つ矢＝精神一到(いっとう)何事か成らざらん
□ (32) 飼い□に手をかまれる
□ (33) ○○○のつらに水
□ (34) 火中の○○を拾う
□ (35) ○○○の川流れ＝猿(さる)も木から落ちる＝弘法にも筆の誤(あやま)り
□ (36) 禍福(かふく)はあざなえる○○のごとし＝人間万事塞翁(さいおう)が馬
□ (37) 壁(かべ)に□あり障子(しょうじ)に□あり
□ (38) 果報は□○待て
□ (39) 亀(かめ)の□より年の功
□ (40) 枯(か)れ木も□のにぎわい
□ (41) ○○字がらめ
□ (42) ○○も鳴かずば打たれまい
□ (43) □□の空論(くうろん)
□ (44) 木で□をくくる
□ (45) 木に□を接(つ)ぐ
□ (46) 木によりて□を求む

(30) わら
(31) 岩
(32) 犬
(33) かえる
(34) くり
(35) かっぱ
(36) なわ
(37) 耳、目
(38) 寝(ね)て
(39) 甲
(40) 山
(41) がん(雁)
(42) きじ
(43) 机上(きじょう)
(44) 鼻
(45) 竹
(46) 魚

□(47) 漁夫の□
□(48) くさっても○○
□(49) 口はわざわいの□
□(50) ○○の子を散らす
□(51) けがの□□
□(52) けんも○○○
□(53) 後悔(こうかい)□に立たず
□(54) 弘法にも□の誤り
□(55) 紺屋の□○○○
□(56) 転ばぬ□のつえ
□(57) さわらぬ□にたたりなし
□(58) 山椒(さんしょ)は□□でもぴりりと辛い
□(59) □□寄れば文殊(もんじゅ)の知恵(ちえ)
□(60) 鹿(しか)をおうものは□を見ず↕岡目(おかめ)八目
□(61) 釈迦(しゃか)に□□
□(62) 朱(しゅ)に交われば□くなる
□(63) 正直の頭(こうべ)に□宿る
□(64) 正直者が○○を見る
□(65) 小事は□□
□(66) 上手の□から水がもれる

(47) 利
(48) たい
(49) 門
(50) くも
(51) 功名
(52) ほろろ
(53) 先
(54) 筆
(55) 白ばかま
(56) 先
(57) 神
(58) 小粒(こつぶ)
(59) 三人
(60) 山
(61) 説法
(62) 赤
(63) 神
(64) ばか
(65) 大事
(66) 手

---

□(67) 知らぬが□
□(68) 白羽の□が立つ
□(69) 水□の交わり
□(70) □○こそ物の上手なれ
□(71) ○○○百まで踊(おど)り忘(わす)れず
□(72) ○○てはことをしそんじる
□(73) 背(せ)に□はかえられぬ
□(74) 船頭多くして□□に上る
□(75) □□の道も一歩より始まる＝ちりも積もれば山となる
□(76) そうは□□が卸(おろ)さぬ
□(77) □○あればうれいなし
□(78) 大山鳴動して○○○一匹
□(79) 他山の□
□(80) 立ち寄らば大樹(たいじゅ)の○○
□(81) 立て板に□
□(82) ○○食う虫も好き好き
□(83) ○○からぼたもち
□(84) 旅の恥(はじ)は○○□○↕立つ鳥あとをにごさず

(67) 仏
(68) 矢
(69) 魚
(70) 好き
(71) すずめ
(72) せい
(73) 腹
(74) 船山
(75) 千里
(76) 問屋
(77) 備え
(78) ねずみ
(79) 石
(80) かげ
(81) 水
(82) たで
(83) たな
(84) かき捨(す)て

□(85) □馬の友
□(86) 父の恩は□よりも高く、母の恩は□よりも深し
□(87) 月夜に○○○○○
□(88) ちょうちんに○○○○=月とすっぽん
□(89) ○○も積もれば山となる
□(90) ○○の一声
□(91) □は熱いうちに打て
□(92) 出る○○は打たれる
□(93) 伝家の□□
□(94) 天井(二階)から□□
□(95) 天をあおぎて○○す
□(96) □角をあらわす
□(97) □□もと暗し
□(98) ○○○にかすがい=ぬかにくぎ=のれんに腕押し=柳に風
□(99) 十日の菊、六日の○○○
□(100) となりの花は□い
□(101) ○○に油揚げをさらわれる
□(102) とらぬ○○○の皮算用

(85) 竹
(86) 山 海
(87) ちょうちん
(88) つりがね
(89) ちり
(90) つる
(91) 鉄
(92) くい
(93) 宝刀
(94) 目薬
(95) つば
(96) 頭
(97) 灯台
(98) とうふ
(99) あやめ
(100) 赤
(101) とび
(102) たぬき

---

□(103) 虎の威を借る○○○
□(104) 鳥なき里の○○○○
□(105) □○ものには巻かれよ
□(106) 泣き面に○○
□(107) □○□と地頭には勝てぬ
□(108) □○は人の為ならず
□(109) 七転び□起き
□(110) ○○○堪忍○○○堪忍
□(111) ○○湯をのまされる
□(112) □足のわらじをはく
□(113) □兎を追う者は□兎をも得ず
□(114) ○○にくぎ
□(115) 濡れ□を着る
□(116) 濡れ□で粟
□(117) 猫に○○○○○
□(118) 猫に○○○
□(119) 寝耳に□
□(120) □□の納め時
□(121) 能ある○○は爪を隠す

(103) きつね
(104) こうもり
(105) 長い
(106) はち
(107) 泣く子
(108) 情け
(109) 八
(110) ならぬ するが
(111) にえ
(112) 二
(113) 二、一
(114) ぬか
(115) 衣
(116) 手
(117) かつおぶし
(118) こばん
(119) 水
(120) 年貢
(121) たか

☐ (122) 軒(のき)を貸して□□を取られる
☐ (123) ○○○に腕押(うでお)し
☐ (124) 背水(はいすい)の□
☐ (125) □脚(きゃく)を露(あらわ)す
☐ (126) 破□の勢い
☐ (127) ○○の巣をつついたよう
☐ (128) 花より○○○
☐ (129) □□休す
☐ (130) 人には添(そ)うてみよ、□には乗ってみよ
☐ (131) 人のうわさも□□□日
☐ (132) 人の口には□は立てられぬ
☐ (133) 人をのろわば□二つ
☐ (134) 百聞は□□にしかず
☐ (135) 氷山の□□
☐ (136) 風前の○○○○
☐ (137) 豚(ぶた)に○○○○
☐ (138) 仏の顔も□度
☐ (139) まかぬ□は生えぬ
☐ (140) 馬子にも○○○○
☐ (141) 真綿で□を締(し)める

(122) 母屋(おもや)
(123) のれん
(124) 陣(じん)
(125) 馬
(126) 竹
(127) はち
(128) だんご
(129) 万事
(130) 馬
(131) 七十五
(132) 戸
(133) 穴
(134) 一見
(135) 一角
(136) ともしび
(137) しんじゅ
(138) 三
(139) 種
(140) いしょう
(141) 首

---

☐ (142) 身から出た○○
☐ (143) 三つ子の魂□まで
☐ (144) 無理が通れば□□がひっこむ
☐ (145) □の中に入れても痛(いた)くない
☐ (146) 目は□ほどに物を言う
☐ (147) 餅(もち)は□□
☐ (148) もとの○○○○
☐ (149) 桃栗(ももくり)三年柿(かき)□年
☐ (150) 門前の小僧(こぞう)習わぬ□を読む
☐ (151) □○石に水
☐ (152) 柳(やなぎ)に□
☐ (153) 柳の下にいつも○○○○はいない
☐ (154) 矢も○○もたまらず
☐ (155) 楽あれば□あり
☐ (156) 良薬は口に□し
☐ (157) □より証拠(しょうこ)
☐ (158) 我(わ)が田へ□を引く
☐ (159) 渡りに□
☐ (160) 類は□を呼(よ)ぶ
☐ (161) 来年のことを言えば□が笑う

(142) さび
(143) 百
(144) 道理
(145) 目
(146) 口
(147) 餅屋
(148) もくあみ
(149) 八
(150) 経
(151) 焼け
(152) 風
(153) どじょう
(154) たて
(155) 苦
(156) 苦
(157) 論(ろん)
(158) 水
(159) 舟
(160) 友
(161) 鬼

**例題2** 次のそれぞれの慣用句を完成させなさい。○の中にはひらがなを、□の中には漢字を一字ずつ入れなさい。

□(1) あごで□を使う（高慢な態度で使う）
□(2) あごを□○ちがえる（見込みが狂う）
□(3) あごを□○（非常に疲れる）
□(4) あごを○○○（得意な様子）
□(5) あごを□○（大いに笑う）
□(6) 足が□に着かない（安定しない）
□(7) 足が○○（犯行の手がかりが発見される）
□(8) 足が○○（予算超過）
□(9) 足が□○（食物などがくさりやすい）
□(10) 足が□になる（疲れて足がこわばる）
□(11) 足を□う（悪い行いをやめてまじめになる）
□(12) 足を□われる（交通手段を絶たれる）
□(13) 足を○○○（相手のすきにつけこんで、悪い立場に追いこむ）
□(14) 足を□く（仲間からぬける）

**解答**

(1) 人
(2) 食い
(3) 出す
(4) なでる
(5) 外す
(6) 地
(7) つく
(8) でる
(9) 早い
(10) 棒
(11) 洗
(12) 奪
(13) すくう
(14) 抜

---

□(15) 足を○○○（さらに遠くまで行く）
□(16) 足を○○○○（他人の成功のじゃまをする）
□(17) 足もとが□い（足どりが早い）
□(18) 足もとから□が立つ（突然意外なことが起こること）
□(19) 足もとに□がつく（危険が迫っていること）
□(20) 足もとを□○（弱味につけこむ）
□(21) □の足を踏む（ためらう）
□(22) 頭が○○○ない（他人の権力や威勢におされて対等になれない）
□(23) 頭が□がる（敬服する）
□(24) 頭が□い（他人にへりくだった態度をとる）
□(25) 頭から□を浴びたよう（不意に恐ろしいことに出会う）
□(26) 頭に□る（腹が立つ）
□(27) 頭を○○（失敗を恥じたり困惑したりするときの様子）

(15) のばす
(16) ひっぱる
(17) 軽
(18) 鳥
(19) 火
(20) 見る
(21) 二
(22) あがら
(23) 下
(24) 低
(25) 水
(26) 来
(27) かく

□(28) 頭を○○○○（だんだんと勢力を増してめだってくる）

□(29) 命の○○○○（日ごろの苦労から解放されて気ままに楽しむこと）

□(30) 命を□う（危（あや）ういところで死を免（まぬが）れる）

□(31) 命を○○○（寿命（じゅみょう）を縮（ちぢ）める）

□(32) 腕（うで）が○○○（技能が向上する）

□(33) 腕が□○（力量を示したくて、じっとしていられない）

□(34) 腕に○○○かけて（自信のある腕前をよりよく発揮（はっき）しようといきごむ）

□(35) 腕を○○○○（傍観（ぼうかん）する）

□(36) 腕を○○○（腕前を発揮する）

□(37) 顔が□れる（有名になる）

□(38) 顔が□い（知り合いが多くいる）

□(39) 顔に○○を塗（ぬ）る（恥（はじ）をかかせる）

□(40) 顔から□がでる（深く恥じて赤面する）

□(41) 顔を□す（求められて人に会うこと）

(28) もたげる
(29) せんたく
(30) 拾
(31) けずる
(32) あがる
(33) 鳴る
(34) よりを
(35) こまぬく
(36) ふるう
(37) 売
(38) 広
(39) どろ
(40) 火
(41) 貸

---

□(42) 顔を○○○（面目を立てる）

□(43) 顔色を○○○○（機嫌（きげん）を察する）

□(44) 顔□けできない（恥ずかしくて顔を合わせられない）

□(45) 肩（かた）が□る（いかつい様子）

□(46) 肩で□をする（苦しそうに息をする）

□(47) 肩で□を切る（威勢のいい様子）

□(48) 肩の□がおりる（責任や義務から解放されて楽になる）

□(49) 肩を○○○○（意気消沈（しょうちん）した様子）

□(50) 肩を□べる（対等の力をもつ）

□(51) 肩を□つ（味方する）

□(52) 肩○○張る（気負う。いばる）

□(53) 肩を○○○（困惑や不満や驚（おどろ）きの意を表した様子）

□(54) □○髪（がみ）を引かれる（未練が残って思いきれない）

□(55) 体を□る（身を投げだして行動する）

□(56) 気が○○（関心がある）

□(57) 気が□○（気がすすまない様子）

(42) たてる
(43) うかがう
(44) 向
(45) 怒
(46) 息
(47) 風
(48) 荷
(49) すぼめる
(50) 並（なら）
(51) 持
(52) ひじ
(53) すくめる
(54) 後ろ
(55) 張
(56) ある
(57) 重い

□ (58) 気が○○○（気おくれする）
□ (59) 気が○○ない（うちとける）
□ (60) 肝が○○○（気力を強くもつ）
□ (61) 肝に□じる（忘れないよう心に刻む）
□ (62) 肝を○○○（ひどく驚く）
□ (63) 肝を□○す（驚き恐れる）
□ (64) 口が□ぎる（非礼なことを言う）
□ (65) 口が○○○○なる（同じことを何度もくり返して言う）
□ (66) 口が○○○（言ってはならぬことを思わず口にしてしまう）
□ (67) 口が○○がらぬ（あきれてものが言えない）
□ (68) 口と□とちがう（言うことと考えていることが別）
□ (69) 口に□る（うまいことばにだまされる）
□ (70) 口を□く（①しゃべる　②紹介する）
□ (71) 口を□つける（職業を見つける）
□ (72) 口を□る（白状する）

(58) ひける
(59) おけ
(60) すわる
(61) 銘
(62) つぶす
(63) 冷や
(64) 過
(65) すっぱく
(66) すべる
(67) ふさ
(68) 腹
(69) 乗
(70) 利
(71) 見
(72) 割

---

□ (73) くちばしが□色い（年が若いこと）
□ (74) 口火を□る（ものごとを最初に始めること）
□ (75) 首が○○らない（借金が返せないで困る）
□ (76) 首っ○○（相手のことが好きになってほれこむこと）
□ (77) 首を□くする（待ちこがれる）
□ (78) 首を○○○（疑問に思う）
□ (79) 心が○○○（気持ちが晴れない）
□ (80) 心が○○○（うれしくて心がいきいきとすること）
□ (81) 心にも○○（言うことと考えていることが別）
□ (82) 心を□にする（かわいそうなどの気持ちをおさえ心を強く持つ）
□ (83) 心を○○○（心配する）
□ (84) 心を○○（相手の気持ちを思いやること）
□ (85) 心を□○（油断する）

(73) 黄
(74) 切
(75) まわ
(76) たけ
(77) 長
(78) ひねる
(79) しずむ
(80) はずむ
(81) ない
(82) 鬼
(83) くだく
(84) くむ
(85) 許す

□(86) 腰が□い（いばらない。ひかえめな態度）

□(87) 腰を□る（途中で妨害する）

□(88) 腰を○○○（おちついて事をなす）

□(89) 腰を○○○（非常に驚くこと）

□(90) 腰が□い（なかなか行動しない）

□(91) 舌が○○○（なめらかにしゃべる）

□(92) 舌を□○（①その人がいなくなってから、ばかにする様子　②自分の失敗をはじて照れる様子）

□(93) 舌を□枚に使う（矛盾したことを言う）

□(94) 舌を○○（驚く）

□(95) 舌○○を打つ（食物がうまいときに、舌を鳴らすこと）

□(96) 尻が□れる（かくしていた悪事などがばれる）

□(97) 尻から□ける（見たり聞いたりしたそばから忘れる）

□(98) 尻きれ○○○（物事が途中でとぎれて続かないこと）

(86) 低
(87) 折
(88) すえる
(89) ぬかす
(90) 重
(91) まわる
(92) 出す
(93) 二
(94) まく
(95) つづみ
(96) 割
(97) 抜
(98) とんぼ

---

□(99) 尻に□がつく（事態がさし迫る）

□(100) 背筋が□くなる（ぞっとする）

□(101) 血が○○○（かっとなる）

□(102) 血の□○ような（程度のはなはだしいことの形容）

□(103) 爪の○○を煎じてのむ（すぐれた人の爪のあかでものんであやかりたいということ）

□(104) 面の皮が□い（ずうずうしい）

□(105) 面の皮を○○（正体をあばく）

□(106) 手が○○○（技量が増す）

□(107) 手が○○（ひまになる）

□(108) 手が○○（人手が必要）

□(109) 手が○○○（世話がやける）

□(110) 手が○○（細工が複雑）

□(111) 手が□○○（人手が不足している）

□(112) 手が○○○○ない（対処すべき方法がない）

□(113) 手が□○（行いが敏速である）

(99) 火
(100) 寒
(101) のぼる
(102) 出る
(103) あか
(104) 厚
(105) はぐ
(106) あがる
(107) あ(す)く
(108) いる
(109) かかる
(110) こむ
(111) 足りない
(112) つけられ
(113) 早い

□ (114) 手が□○（手腕がゆきとどく）
□ (115) 手に□○（もてあます）
□ (116) 手に○○○○（自分の力では処理できない）
□ (117) 手に□を握る（同盟を結ぶ）
□ (118) ○○○○をかえす（態度が急変する）
□ (119) 手も□も出ない（対処する手だてがない）
□ (120) 手を□る（関係を絶つ）
□ (121) 手を○○○○（何もしないでいる）
□ (122) 手を○○○（仕事の範囲を広げる）
□ (123) 手を□○（かかわるのをやめる）
□ (124) □□の手をひねるよう（非常に簡単なこと）
□ (125) 手塩に○○○（自分が面倒をみて育てる）
□ (126) ○○○○手が出る（ひどくほしい）
□ (127) 歯が□く（そらぞらしいことばを聞き不快になる）
□ (128) 歯が○○○○（かなわない）

(114) 回る
(115) 余る
(116) おえない
(117) 手
(118) てのひら
(119) 足
(120) 切
(121) こまぬく
(122) のばす
(123) 引く
(124) 赤子
(125) かける
(126) のどから
(127) 浮
(128) たたない

---

□ (129) 歯に□着せぬ（率直に物を言う）
□ (130) 歯の□が合わぬ（ふるえおののく様子）
□ (131) 奥歯に□着せる（事実をありのまま言わずにどこか思わせぶりに言う）
□ (132) 鼻が□○（得意な様子）
□ (133) 鼻○○□わす（近くに寄り合う）
□ (134) 鼻で○○○○（相手のことをろくに聞かずに冷たい態度をとる）
□ (135) 鼻に○○（飽きがくる）
□ (136) 鼻を○○○（だしぬいて降参させる）
□ (137) 鼻を□○（相手のごうまんな気持ちをくじく）
□ (138) 鼻を□○（刺激臭におそわれる）
□ (139) 鼻息が○○○（意気込みがはげしい）
□ (140) 鼻っ□が強い（向こう気が強い）
□ (141) □で鼻をくくる（無愛想にもてなすこと）
□ (142) 腹が□い（心根がよくない）
□ (143) 腹が□つ（怒りを感じる）

(129) 衣
(130) 根
(131) 衣
(132) 高い
(133) つき合
(134) あしらう
(135) つく
(136) あかす
(137) 折る
(138) 突く
(139) あらい
(140) 柱
(141) 木
(142) 黒
(143) 立

□(144) 腹が□い（度量が大きい）
□(145) 腹に□□（心の中に何かたくらみを持っている）
□(146) 腹に○○○○（心にとめる）
□(147) はらわたが○○○○かえる（非常に腹の立っている様子）
□(148) 腹を□る（相手の心のうちをうかがう）
□(149) 腹を○○○（覚悟(かくご)する）
□(150) 腹を□○（かくさずに全てをしゃべる）
□(151) ひざを□える（近よって親しく話し合う）
□(152) へそで□をわかす（ばかげていたり、くだらなかったりしていて、おかしくてたまらないこと）
□(153) へそを□○○（機嫌をそこねる）
□(154) 骨が□れる（面倒がかかる）
□(155) 骨に○○○（痛感(つうかん)する）
□(156) 骨を○○○（労力をいとう）

(144) 太
(145) 一物(いちもつ)
(146) おさめる
(147) にえくり
(148) 探(さぐ)
(149) すえ(くく)る
(150) 割(わ)る
(151) 交
(152) 茶
(153) 曲げる
(154) 折
(155) しみる
(156) おしむ

---

□(157) 骨身を○○○（非常な苦心をする）
□(158) まゆを○○○○（心配事あるいは他人への不快感から顔をしかめる）
□(159) まゆ○○もの（正しいかどうか、本物かどうか疑(うたが)わしい）
□(160) 身から出た○○（自分自身の悪行が原因で被害(ひがい)をこうむること）
□(161) 身の□もよだつ（非常におそろしいことの形容）
□(162) 身を□にする（懸命(けんめい)にはげむこと）
□(163) 耳が□○（他人の言うことが自分の欠点にふれていて聞くのがつらい）
□(164) 耳が□○（情報を耳にするのが早い）
□(165) 耳に○○ができる（同じ話を何回も聞かされてうんざりすること）
□(166) 耳に○○（聞いたことが印象に残って忘れられない）
□(167) 耳を□ける（熱心に聞く）
□(168) 胸(むね)が○○○○になる（非常に感動する）

(157) けずる
(158) ひそめる
(159) つば
(160) さび
(161) 毛
(162) 粉(こ)
(163) 痛(いた)い
(164) 早い
(165) たこ
(166) つく
(167) 傾(かたむ)
(168) いっぱい

□ (169) 胸に□□ある（心の中にあるたくらみをいだく）

□ (170) 胸に□○（しっかりと記憶する）

□ (171) 胸を○○○せる（期待でわくわくする）

□ (172) 胸を○○○○せる（希望で心を一杯にする）

□ (173) 目が□○（視線が交わる）

□ (174) 目が□○（目にとまる）

□ (175) 目が○○（判定力がすぐれている）

□ (176) 目が○○○（めまいがする）

□ (177) 目が□○○（鑑識力がある）

□ (178) 目が○○○（迷いが消える）

□ (179) 目が□○（よいものを見分ける力がある）

□ (180) 目が○○出る（値段がひどく高くて驚くこと）

□ (181) 目が○○（たいへんに好きであること）

□ (182) 目が○○せない（常に注意して見守っていなくてはならない）

(169) 一物
(170) 刻む
(171) おどら
(172) ふくらま
(173) 合う
(174) 行く
(175) きく
(176) くらむ
(177) 肥える
(178) さめる
(179) 高い
(180) とび
(181) ない
(182) はな

---

□ (183) 目から□へ抜ける（きわめて聡明であること）

□ (184) □い目で見る（冷たい目つきで見る）

□ (185) 目と□の先（間）（非常に近いこと）

□ (186) 目に□○（あまりにも非道でがまんできない）

□ (187) 目に□□○○（ひどい目にあわせて思い知らせる）

□ (188) 目の□の○○○○（じゃまもの）

□ (189) 目も□○○○ない（あまりにもひどくて見るにたえない）

□ (190) 目も○○○○（見向きもしない）

□ (191) 目を○○○（面倒をみる）

□ (192) 目を□○○○（大きく目を開いてさがし求める）

□ (193) 目を□□させる（非常に驚く様子）

□ (194) 目を□らす（監視をおこたらない）

□ (195) 目を□く（注意をひきつける）

□ (196) 目を□○する（驚いた顔つきになる）

(183) 鼻
(184) 白
(185) 鼻
(186) 余る
(187) 物見せる
(188) 上、たんこぶ
(189) 当てられ
(190) くれない
(191) かける
(192) 皿にする
(193) 白黒
(194) 光
(195) 引
(196) 丸く

□(197) 目□をつける（大まかな形を整えること）
□(198) 面と○○○（直接に顔を合わせて向かいあう）
□(199) 面目□○○○（非常に名誉を傷つけられる）
□(200) 指を□る（指を折り曲げ数える）
□(201) 指を○○○○（強く願望しながら手を出せずにだまって見ている）
□(202) 後ろ□をさされる（かげで悪口を言われる）
□(203) □□に塩（すっかり元気をなくし、しおれてしまう）
□(204) あとの□○（気づいたときには手おくれで間に合わない）
□(205) □があったら入りたい（非常にはずかしい様子）
□(206) □を売る（むだ話などをしてなまける）
□(207) □につく（経験を積んで、仕事がその人にぴたりと合う）

(197) 鼻
(198) むかう
(199) 丸つぶれ
(200) 折
(201) くわえる
(202) 指
(203) 青菜
(204) 祭り
(205) 穴
(206) 油
(207) 板

---

□(208) 一日の□（経験をより多く積んでいて上手にできる）
□(209) □が合う（相手とよく気が合う）
□(210) ○○二つ（よく似ている）
□(211) □泥の差（ひどく差がある）
□(212) □□に乗ったよう（信頼しきって、安心している）
□(213) お□をにごす（いいかげんなことを言って、その場を適当にごまかす）
□(214) □○□をつける（確かであると保証する）
□(215) □□をとる（人の先に立ってものごとをする）
□(216) ○○○をぬぐ（降参する）
□(217) □をつかむよう（全くとらえどころがない）
□(218) ○○を投げる（うまくできるみこみがなくて、途中でやめてしまう）
□(219) ○○○をつかむ（ごまかしやかくしごとを見ぬく）

(208) 長
(209) 馬
(210) うり
(211) 雲
(212) 大船
(213) 茶
(214) 折り紙
(215) 音頭
(216) かぶと
(217) 雲
(218) さじ
(219) しっぽ

□ (220) ○○○をけずる（激しく争う）
□ (221) ○○が合わない（性格や気持ちが合わない）
□ (222) ○○をくくる（軽く思って、みくびる）
□ (223) □を割ったよう（こだわりがなく、さっぱりしている）
□ (224) ○○に上げる（放っておく）
□ (225) ○○○に暮れる（どうしてよいか、わからなくなる）
□ (226) □○□がつげない（驚きあきれてことばが出てこない）
□ (227) 根○○葉○○（細かいところまで）
□ (228) 根も□もない（証拠がまったくない）
□ (229) 猫の□も借りたい（非常にいそがしい）
□ (230) 猫の□（とてもせまい）
□ (231) 猫を○○○（本当の性質をかくして、おとなしく見せかける）
□ (232) はしにも□にもかからない（どうあつかってよいのかわからずに、もてあましてしまうほど、ひどい）

(220) しのぎ
(221) そり
(222) たか
(223) 竹
(224) たな
(225) とほう
(226) 二の句
(227) ほり、ほり
(228) 葉
(229) 手
(230) 額
(231) かぶる
(232) 棒

---

□ (233) 袋の○○○（追いつめられて、にげられない）
□ (234) 筆が□つ（文章を書くのがうまい）
□ (235) 的を□る（重要な点を確実にとらえる）
□ (236) □に流す（過去のことをとがめだてしない）

(233) ねずみ
(234) 立
(235) 射
(236) 水

# 05 語句・知識

# ことわざ・慣用句

## —チャレンジ問題—

解答は別冊5ページ

**1** 次の(1)〜(5)のことわざ、慣用句の意味を後の㋐〜㋖からそれぞれ一つずつ選び、記号で答えなさい。

□(1) 寝耳(ねみみ)に水

□(2) 石橋をたたいて渡(わた)る

□(3) 三つ子の魂(たましい)百まで

□(4) どんぐりの背比(せい)べ

□(5) 腕(うで)が鳴る

㋐ 用心の上にも用心しておこなう。

㋑ どれもこれも平凡(へいぼん)であまり差がないこと。

㋒ 二つのもののちがいが大きいこと。

㋓ 力量を示したくて、じっとしていられない。

㋔ 自分の力に自信がある。

㋕ 思いがけないことがおきてびっくりする。

㋖ 幼(おさな)い時の性質は一生変わらないこと。

**2** 次の(1)〜(5)の文の（　　）にあてはまる慣用句を、後の㋐〜㋖から選び、記号で答えなさい。

□(1) 彼(かれ)は、運動もできるし、勉強もよくできる。とうていぼくなど（　　）よ。

□(2) つらかっただろうと思うが、そんな様子を（　　）ところが彼のえらいところである。

□(3) 彼女(かのじょ)は（　　）ような顔をしているが、気性はたいへんあらい人である。

□(4) 自分のことは（　　）、人のこととなるととやかくいう人がいるものだ。

□(5) この仕事も苦労のかいがあって、やっと（　　）といえるところまできた。

㋐ 頭の上のはえも追えぬ

㋑ 虫も殺さぬ

㋒ おくびにも出さぬ

㋓ 棚(たな)に上げ

㋔ 手をやいた

㋕ たち打ちができない

㋖ 目鼻がついた

**3** 次の(1)～(5)のそれぞれのことわざの意味をⅠ群の㋐～㋖の中から一つずつ選び、また、それとほぼ同じ意味を表すことわざをⅡ群のA～Gの中から一つずつ選んで、記号で答えなさい。

□(1) 釈迦(しゃか)に説法　□(2) 提灯(ちょうちん)に釣鐘(つりがね)

□(3) 馬の耳に念仏　□(4) 弘法(こうぼう)にも筆の誤(あやま)り

□(5) 弱り目にたたり目

【Ⅰ群】

㋐ 名人でも時には失敗することがある。

㋑ 欲ばりすぎると損をする。

㋒ わかりきった、ごく自然のことである。

㋓ 知りつくしている者に不必要なことを教える。

㋔ 貴重(きちょう)なものをもらっても、価値(かち)がわからない。

㋕ 比較(ひかく)にならぬほどかけ離(はな)れている。

㋖ 不運の上に不運が重なる。

【Ⅱ群】

A 泣き面(つら)に蜂(はち)　B 猫(ねこ)に小判　C 月とすっぽん

D 河童(かっぱ)の川流れ　E 灯台(とうだい)もと暗し　F やせ犬は吠(ほ)える

G 猿(さる)に木登り

---

**4** 次の(1)～(5)のことわざと同じ内容のもの、もしくは反対の内容のものをそれぞれ後の語群より選び、記号で答えなさい。

□(1) 猿も木から落ちる

□(2) 暖簾(のれん)に腕おし

□(3) 蛙(かえる)の子は蛙

□(4) 善(ぜん)は急げ

□(5) 豚(ぶた)に真珠(しんじゅ)

㋐ せいては事を仕損(しそん)じる　㋑ 渡る世間に鬼(おに)はなし

㋒ 弘法にも筆の誤り　㋓ 猫に小判

㋔ 雨ふって地かたまる　㋕ ぬかに釘(くぎ)

㋖ とびが鷹(たか)を生む　㋗ 立つ鳥あとを濁(にご)さず

**5** 次の□に入る漢字一字を書きなさい。

□(1) □をあかす＝相手が思ってもみないことをしてあっといわせる。

□(2) □が出る＝予定していた金額をこえてしまう。

□(3) □が早い＝情報を知ることが早い。

□(4) □をやく＝手段や方法がなくて困(こま)る。

□(5) □をまく＝人のすばらしさにおどろく。

**6** 次の(1)〜(6)の意味を㋐〜㋙の中から選び、記号で答えなさい。

□(1) 耳にたこができる
□(2) 目がこえている
□(3) 肩を並べる
□(4) 顔から火がでる
□(5) 腹にすえかねる
□(6) 腕に覚えがある

㋐ 人の弱みにつけこむ
㋑ 非常にはずかしい思いをする
㋒ ふと悪い考えをおこす
㋓ 二つのものが同じ力になる
㋔ 経験があって、自信がある
㋕ 物を見分ける力がすぐれている
㋖ がまんができない
㋗ 同じことばかり聞きあきる
㋘ かくごをきめる
㋙ 味方する

**7** 次にあげる(1)〜(5)のことばの意味として最も正しいものを、後にあげる㋐〜㋛の中からそれぞれ選び、記号で答えなさい。

□(1) 味をしめる
□(2) あいづちをうつ
□(3) 顔から火が出る
□(4) 口が重い
□(5) のどから手が出る

㋐ ひじょうに好きである。
㋑ ほしくてほしくてたまらない。
㋒ いいかげんにしてその場を濁す。
㋓ 一度うまくいったよさが忘れられないで、またそうならないかと期待する。
㋔ とてもはずかしい思いをする。
㋕ うしろ暗い思いをする。
㋖ かくしていたことや言いにくいことを口にする。
㋗ 人の話に調子をあわせて、答えたりうなずいたりする。
㋘ むだ口をたたいて仕事をさぼる。
㋙ ことば数が少なく、なかなか話そうとしない。
㋚ つつみかくさず、思ったことを何でも言ってしまう。
㋛ じっとがまんする。

**8** 次のA群のことばの意味として適当なものをB群より選び、記号で答えなさい。

【A群】

□(1) 目がない　□(2) 目をぬすむ

□(3) 目をかける　□(4) 耳が痛(いた)い

□(5) 耳を傾(かたむ)ける　□(6) 口をきく

□(7) 口を割(わ)る　□(8) 口にのぼる

□(9) 鼻にかける　□(10) 鼻であしらう

【B群】

㋐ よく聞く　㋑ 世話をする　㋒ 好物である

㋓ 白状する　㋔ うわさされる　㋕ こっそりやる

㋖ 冷淡(れいたん)にする　㋗ 自慢(じまん)する　㋘ 弱点をつかれる

㋙ 紹介(しょうかい)する

**9** 次の、慣用句の(1)～(5)の□の中に、身体に関係のある漢字一字を入れなさい。

〔例〕 [目]がない→われを忘れるほど好きなこと。

□(1) □をのばす→さらに遠くまで行くこと。

□(2) □であしらう→相手のことばにろくに返事もしないで軽くあしらうこと。

□(3) □をくくる→かくごをきめること。

□(4) □を貸す→相手の相談にのってやること。

□(5) □がはなれる→ものごとが一段落(だんらく)して、その仕事をしなくてもよくなること。

**10** 次の言いまわしは、どのような場合に使われますか。㋐～㋕の文の中から、適当なものを選び、記号で答えなさい。

□(1) 角がとれる

□(2) しのぎをけずる

□(3) しびれを切らす

□(4) さじを投げる

□(5) 折り紙をつける

□(6) 釘をさす

㋐ いくら考えてもうまくいかない。もうあきらめよう。

㋑ 自由市場になって、商売の競争は、いちだんとはげしくなった。

㋒ いくら待っても、なかなかわたしの番が回ってこない。

㋓ 彼の腕前は、親方が保証している。

㋔ あとでもめないように十分に念をおしておいた。

㋕ 意地っ張りだった彼も、年とともにおだやかになってきた。

**11** 次にあげたことば⑴～⑽は、それぞれどんな意味で使われますか。後にあげた㋐～㋟の中から最も適当なものを選び、それぞれ記号で答えなさい。

□⑴ 口を割る　□⑵ あわをくう
□⑶ しり馬に乗る　□⑷ 二の足をふむ
□⑸ かぶとをぬぐ　□⑹ 足もとを見る
□⑺ みそをつける　□⑻ 口火を切る
□⑼ お茶を濁(にご)す　□⑽ 尾(お)ひれをつける

【意味】
㋐ 大げさにいう　㋑ 白状する
㋒ 弱点につけ入る　㋓ 粗末(そまつ)にとりあつかう
㋔ ためらう　㋕ ひどくあわてる
㋖ 力をほこる　㋗ 見くびる
㋘ その場をごまかす　㋙ 軽率(けいそつ)に人に従う
㋚ 失敗する　㋛ 混乱(こんらん)させる
㋜ 味をよくする　㋝ 休息する
㋞ 降服(こうふく)する　㋟ いちばん先にはじめる

**12** 次の⑴～⑸の各文は、それぞれ「ことわざ」や「慣用句」の説明です。後の㋐～㋙のどれにあたるか、記号で答えなさい。

□⑴ 人がどうしようかと、なにか困っている。その心弱りしている立場につけこんで、自分につごうのよいようにしむけること。
□⑵ もったいぶったり、えんりょしたりせずに、思ったとおり、ずけずけとはっきり言うこと。
□⑶ よくわからず、自信はないまま、なんとか思いついたことを言ったり、したりして、いいかげんにその場をごまかすこと。
□⑷ 人のちょっとした言いまちがいを、わざとその部分だけ取りあげて、あれこれけちをつけること。
□⑸ しっかりした考えもなしに、人の言ったり、したりすることに賛成して、積極的に自分も行動すること。

㋐ 歯に衣(きぬ)着せぬ　㋑ 背(せ)に腹はかえられない
㋒ 知らぬが仏　㋓ 身もふたもない
㋔ 揚(あ)げ足をとる　㋕ 言わぬが花
㋖ 足もとを見る　㋗ しり馬に乗る
㋘ お茶を濁す　㋙ 一線を画す

**13** 次の⑴～⑸の□の中に漢字一字を入れてことわざを作り、それと対照的な意味を持つものを後から選んで記号で答えなさい。

□⑴ 一寸(いっすん)の□にも五分(ごぶ)の魂　□⑵ あと足で□をかける
□⑶ 一石二□　□⑷ □は急げ

□(5) 下手の□好き

㋐ せいては事を仕損じる　㋑ 好きこそものの上手なれ
㋒ 立つ鳥あとを濁さず　㋓ あぶはちとらず
㋔ 長いものには巻かれよ

**14** 次のことわざの意味を、後から選び、記号で答えなさい。

□(1) 石の上にも三年　□(2) 月とすっぽん
□(3) 出るくいは打たれる　□(4) 火のない所にけむりは立たぬ
□(5) 飼い犬に手をかまれる

㋐ あまりにもかけはなれてちがいのあること。
㋑ 急にとび出すと、あぶない目にあう。
㋒ じっとしていて、動かないこと。
㋓ うわさで評判がたつのは、それなりの原因があるはずだ。
㋔ 悪事は必ずばれる。
㋕ 長い間かわいがっていたものに裏切られて、ひどい目にあう。
㋖ しんぼう強く待てば、いいこともある。
㋗ おかしな組み合わせのこと。
㋘ 何事も熱心にやらないと、効果はあらわれない。
㋙ まわりのものよりすぐれて目立つものは、なにかにつけて、いやがらせをされる。

**15** 次のことばの意味を、わかりやすく説明しなさい。

□(1) 目に入れても痛くない
□(2) 耳にたこができる
□(3) 石の上にも三年

**16** 次の各文と関係のあることわざを後から選び、記号で答えなさい。

□(1) 兄は医者ですが、よくかぜをひきます。
□(2) きのう足をすりむいたうえに、きょうは右腕を骨折してしまいました。
□(3) 教科書を忘れたと思って、あちらこちら探しまわっていたら、カバンの中に入っていました。
□(4) 何十年も踊り続けているバレリーナが、どうしたわけか舞台で転んでしまいました。
□(5) 間もなく卒業式を迎える私たちは、ある一日、住み慣れた教室の大掃除をしました。

㋐ 弘法にも筆の誤り　㋑ のど元過ぎれば熱さを忘れる
㋒ 紺屋の白袴　㋓ 灯台もと暗し
㋔ 芸は身を助ける　㋕ 立つ鳥あとを濁さず
㋖ 弱り目にたたり目　㋗ 石橋をたたいて渡る
㋘ 目の上のたんこぶ

**17** 次のことばの意味を漢字二字の熟語で表せばどうなるか、後の漢字を使って書きなさい。

□(1) 胸をふくらます
□(2) 鼻が高い
□(3) 目から鼻へぬける
□(4) かぶとをぬぐ
□(5) 虫が知らせる

降・予・意・待・出・利・得・期・熱・参・口・感

**18** 次のA群の(1)〜(20)までの空欄に入れるのに最も適当な語をB群のあ〜との中から選んでそれぞれの語句を完成させ、さらに、その意味として正しいものをC群のア〜トの中から選び、記号で答えなさい。

【A群】

□(1) □をかかえる。　□(2) □もくれない。
□(3) □であしらう。　□(4) □が重い。
□(5) □が広い。　□(6) □を疑う。
□(7) □を巻く。　□(8) □をひねる。
□(9) □を持つ。　□(10) □に余る。
□(11) □にしみる。　□(12) □がすわる。
□(13) □が低い。　□(14) □を向ける。
□(15) □が出る。　□(16) □がつぶれる。
□(17) □を曲げる。　□(18) □をかじる。
□(19) □を冷やす。　□(20) □をふるう。

【B群】

あ 口　い 耳　う 肩　え 身　お 手
か 腕　き 胸　く 臍　け 背　こ 腰
さ 首　し 舌　す 顔　せ 鼻　そ 目
た 頭　ち 腹　つ 肝　て 脛　と 足

【C群】

ア 心に深く感じる。
イ 納得できず考える。
ウ すぐには信じられない。
エ すぐれた力を十分にあらわす。
オ きげんが悪く、言うことをきかない。
カ さからう。そむく。
キ ひじょうにおどろき感心する。

ク よい考えが浮(う)かばず、考えこむ。
ケ 相手を軽く見、いいかげんにあつかう。
コ なかなかものを言いたがらない。
サ 味方になる。ひいきする。
シ 自分の力ではどうにもならない。
ス ぞっとする。ひやっとする。
セ 親やきょうだいのせわになっている。
ソ 落ち着いていて、何事にもおどろかない。
タ たくさんの人に知られている。
チ 見むきもしない。あいてにしない。
ツ 人に対していばったりしない。
テ お金がかかりすぎて足りなくなる。
ト ひどくおどろく。ひどく悲しむ。

**19** **次の慣用句の意味にあたる熟語を後のア～コの中から選び、それぞれ記号で答えなさい。**

□(1) 一目置く
□(2) 折り紙をつける
□(3) 額を集める
□(4) 骨を折る
□(5) 胸をなでおろす
□(6) 気が置けない
□(7) 値(ね)が張る

| | | | | |
|---|---|---|---|---|
| ア 不信 | イ 苦労 | ウ 保証 | エ 安心 | |
| オ 非礼 | カ 気楽 | キ 尊敬(そんけい) | ク 相談 | |
| ケ 高価 | コ 無用 | | | |

**20** **次の(1)～(5)の（　）にことばを入れて、——線部の慣用句をそれぞれ完成させなさい。ただし答えは漢字を用いても用いなくてもよいこととします。**

□(1) この問題に、早くけりを（　）ことが必要だ。
□(2) お祝いだからといって、あまりはめを（　）ようなことをしてはいけない。
□(3) わたしの友だちは、その話を聞いて、すっかりつむじを（　）ようになってしまった。
□(4) 彼の実力は、群を（　）ている。
□(5) 他人の揚げ足を（　）のは、あまりいいことではないのでやめよう。

**21** 次の(1)〜(4)のことわざと最も近い意味のことわざをA群から探し、その□にあてはまることばをB群からそれぞれ一つずつ選び、記号で書きなさい。ただし、同じ記号は一度しか使えません。

□(1) 後は野となれ山となれ　□(2) 蛙の子は蛙

□(3) えびで鯛を釣る　□(4) 紺屋の白袴

【A群】

□にかすがい　□の背比べ

まかぬ□は生えぬ　人を見たら□と思え

待てば□の日和あり　□にくぎ

□の恥はかき捨て　□の不養生

□の道も一歩から　棚から□

転ばぬ先の□　□の上にも三年

濡れ手で□　渡る世間に□はなし

うりのつるに□はならぬ　悪事□を走る

【B群】

㋐ 杖　㋑ 種　㋒ なすび　㋓ どんぐり

㋔ ぬか　㋕ うり　㋖ 医者　㋗ 坊主

㋘ 粟　㋙ 鬼　㋚ とうふ　㋛ 海路

㋜ 船頭　㋝ さば　㋞ 千里　㋟ 旅

---

**22** 次の［　］にそれぞれ体の部分を表す漢字一字を入れて慣用句を完成させると、一つだけ他と異なる漢字が入るものがあります。それを選び、記号と入る漢字を答えなさい。

〔例〕
㋐ ［歯］を食いしばる
㋑ ［首］を長くする
㋒ ［首］をつっこむ
㋓ ［首］をかしげる

〔答〕記号…㋐　漢字…歯

□(1)
㋐ ［　］をそろえる
㋑ ［　］をすます
㋒ ［　］を焼く
㋓ ［　］をかたむける

□(2)
㋐ ［　］を皿にする
㋑ ［　］をとがらせる
㋒ ［　］を見張る
㋓ ［　］を丸くする

□(3)
㋐ ［　］が立つ
㋑ ［　］が売れる
㋒ ［　］が広い
㋓ ［　］が棒になる

(4)
㋐ □をまく
㋑ □をなでおろす
㋒ □をはずませる
㋓ □をときめかせる

**23** 次の(1)〜(3)の——線部の（　）に漢字を一字入れると、慣用句を用いた文になります。㋐〜㋔の（　）に入る漢字の中で、共通の漢字を用いるものをそれぞれ二つ選び、記号で答えなさい。

(1)
㋐ （　）が出ない範囲（はんい）で、買える分の材料を買ってくれ。
㋑ 王様にほめられるなんて、（　）にあまる光栄である。
㋒ 彼の身勝手なふるまいは（　）にあまるものがある。
㋓ 努力が（　）をむすび、全国大会に出場できた。
㋔ 芸で（　）を立てるのには、少なくてもあと五年はかかる。

(2)
㋐ 彼女は絵に関して（　）がきくので優劣（ゆうれつ）がすぐ分かる。
㋑ 先生は有名で、教育界では外国でも（　）がきく方だ。
㋒ 暑いとすぐに団扇（うちわ）であおいでくれるほど、妹は（　）がきく。
㋓ 彼は後輩（こうはい）によく（　）をかけてくれるやさしい先輩（せんぱい）だ。
㋔ 学歴を（　）にかけて話す彼の態度が気に入らない。

(3)
㋐ 君にとってその役は、まさに（　）についてるね。
㋑ 彼の行動は、集団の中でも（　）につくので気になる。
㋒ やるか、やらないか、もう（　）を決める時期だ。
㋓ 私と彼は（　）を割って話し合える仲間だ。
㋔ 犯人が（　）を割ったので、事件が解決した。

**24** 次の(1)〜(5)の□には、それぞれ同じことばが入ります。それを漢字で答えなさい。

(1) 腹の□がおさまらない。
勉強の□。

(2) 会場が□を打ったようになる。
□ももらさぬ警戒（けいかい）ぶり。

(3) 横綱（よこづな）には□が立たない。
□がぬけたように空席が目立つ。

(4) 失敗は□を見るより明らかだ。
夏が終わると、海べは□の消えたようになる。

(5) 美しい景色に思わず□をのんだ。
やっと見つけたカブトムシに□を殺して近づく。

**25** 次の(1)〜(5)の□にあてはまることばをひらがなで答え、ことわざを完成させなさい。また、それぞれの意味を後の㋐〜㋗から選び、記号で答えなさい。

□(1) □の川流れ
□(2) □の背比べ
□(3) 井(い)の中の□
□(4) おぼれる者は□をもつかむ
□(5) ぬれ手で□

㋐ その土地に行ったら、その土地の習慣にしたがうのがよいということ。
㋑ あぶなくなった時には、たよりにならない物までたよりにするということ。
㋒ うまい人でも時には失敗するということ。
㋓ どれも同じくらいで、ずばぬけたものがいないこと。
㋔ 苦労しないでもうけること。
㋕ いつでも同じ方法でうまくいくとは限らないということ。
㋖ 余計なことを言ったりしなければ、災難(さいなん)をまねくこともないということ。
㋗ せまい考えを持っていては、広い世の中のことは分からないということ。

**26** 次の慣用的表現に近い意味の熟語を後の語群から選び、漢字で書きなさい。

□(1) 手抜(ぬ)かり
□(2) 煮(に)えくり返る
□(3) 目を疑う
□(4) 気を許す
□(5) 器量がいい
□(6) けりをつける
□(7) かぶとを脱(ぬ)ぐ
□(8) 虫が知らせる
□(9) 折り紙をつける
□(10) 気が置けない

【語群】
よかん・びじん・しんみつ・ふび・ほしょう・いがい・けっちゃく・ゆだん・りっぷく・こうさん

**27** 次の(1)〜(5)のことわざと同じような意味のものを㋐〜㋙の中からそれぞれ選び、記号で答えなさい。

□(1) 三つ子の魂百まで
□(2) 果報は寝て待て
□(3) せいては事を仕損じる
□(4) 画竜点睛(がりょうてんせい)を欠く
□(5) 闇夜(やみよ)に提灯

㋐ あばたもえくぼ
㋑ 待てば海路の日和あり
㋒ えびで鯛を釣る
㋓ 仏作って魂入れず
㋔ 身から出たさび
㋕ 急がば回れ

㋖ 立て板に水　㋗ 地獄で仏
㋘ 焼け石に水　㋙ 雀百まで踊り忘れず

**28** 次の(1)~(5)の（　）には動物の名前が入ります。それぞれひらがなで答えなさい。

(1) 課長の（　）の一声ですべて決定した。

(2) そんなあてにならない利益を計算するのは、とらぬ（　）の皮算用だよ。

(3) 彼はいつも力のあるA君のことを持ち出して弱いものにいばる。虎の威を借る（　）だね。

(4) あの有能な彼女が失敗したって？（　）も木から落ちることがあるんだね。

(5) 何を言っても（　）の耳に念仏、全く人の意見を聞かないよ。

**29** 次の(1)~(5)の――線部が慣用的表現になるように、［　］のカタカナを正しく漢字に直しなさい。また、――線部の意味をそれぞれ後の㋐~㋔から選び、記号で答えなさい。

(1) きびしい特訓についに［ネ］をあげる。

(2) 彼はまだ小さなことを［ネ］にもっている。

(3) 彼の実力はほかの選手の［ヒ］ではない。

(4) あの人は［ヒ］の打ち所がない人だ。

(5) この事故の原因は［ヒ］を見るより明らかだ。

㋐ くらべるものがない。
㋑ はっきりしている。
㋒ うらんで、いつまでも忘れない。
㋓ たえられない。
㋔ 完全だ。

**30** 次の空欄に入る一文字をそれぞれ左から選び、それを適当な漢字に改めて答えなさい。

(1) くよくよと□に病む。
（い　き　て　み　め）

(2) □を吹いて疵を求める。
（え　お　き　け　ち）

(3) 人の口に□は立てられない。
（お　き　せ　と　な）

(4) 憂き□を見る。
（え　め　や　ろ　わ）

(5) 名声が□に落ちる。
（し　ち　て　ひ　ふ）

**31** 次の各組の（　）に共通することばをひらがなで入れて慣用句を完成させなさい。

□(1)
㋐ 顔が（　）…めいよが守られること。
㋑ 腕が（　）…すぐれた技術を持っていること。

□(2)
㋐ 腹を（　）…かくごを決めること。
㋑ 腰を（　）…おちついて何かをすること。

□(3)
㋐ 肩を（　）…助けること。
㋑ 耳を（　）…人の話を聞いてあげること。

□(4)
㋐ 鼻が（　）…得意になること。
㋑ 目が（　）…物の価値を見きわめる力があること。

**32** 次のことわざは、比喩（ひゆ）（たとえ）的な表現によって、その意味を示したものです。後の問いに答えなさい。

Ⅰ ことわざの意味を、後の㋐〜㋖から選び、記号で答えなさい。

Ⅱ ――線部の語句は、それぞれ何を比喩的に表現したものですか。Ⅰで選んだ文の中から、それぞれ漢字二字でぬき出して答えなさい。

□① あばたもえくぼ
□② えびで鯛を釣る
□③ 花よりだんご
□④ 良薬は口に苦し
□⑤ 棚からぼた餅（もち）

㋐ 意外な幸運に恵まれること。
㋑ 小さな労力で、それ以上の大きな利益をえること。
㋒ 人に対して好意をもつと、どんな欠点も長所のように見えること。
㋓ 人からの忠告（ちゅうこく）は、聞きづらいものであるということ。
㋔ 冗談（じょうだん）で言った事柄（ことがら）が、事実となってしまうこと。
㋕ 地道な努力から、良い結果を得ること。
㋖ 名前よりも、実利を大切にすること。

**33** 次の□にあてはまる漢字を一字書きなさい。ただし、□に入る漢字はかなに直しても一字になります。

□① 美男美女の□になる二人
□② きびしい練習に□をあげる
□③ 相手が強くて□が立たない
□④ 今までの努力が□を結ぶ
□⑤ わたしには□の重い役目
□⑥ 冗談を□に受ける
□⑦ □に余る光栄

□⑧ 身を□にして働く

□⑨ 雲泥(うんでい)の□

□⑩ 失敗を□にして涙(なみだ)を流す

## 34 次のことわざに関する問いに答えなさい。

□(1) 次の①～④の□に入る動物の名前を答えなさい。

① □も歩けば棒に当たる

② □の首に鈴(すず)をつける

③ 取らぬ□の皮算用

④ □百まで踊り忘れず

□(2) 次の㋐～㋓のことわざの中で、他と意味が異なるものを一つ選び、その記号を答えなさい。

㋐ 河童の川流れ　㋑ 猿も木から落ちる

㋒ 弘法にも筆の誤り　㋓ 立つ鳥あとを濁さず

□(3) 「蛙の子は蛙」と反対の意味を表すことわざを、次の㋐～㋓の中から一つ選び、その記号を答えなさい。

㋐ 親の心子知らず　㋑ 類は友を呼(よ)ぶ

㋒ 鹿(しか)を指して馬となす　㋓ とびが鷹を生む

## 35 次の(1)～(5)の文が後の〔　〕内の文の意味になるように、(　)の中に適当な気象に関することばを答えなさい。

□(1) (　)が降(ふ)ろうが槍(やり)が降ろうが、私は行く。
〔どんな障害(しょうがい)があっても、私は行く。〕

□(2) あの人はすぐ先輩(　)を吹(ふ)かす。
〔あの人はすぐ先輩らしいそぶりをする。〕

□(3) 話し合いの(　)行きがあやしくなってきた。
〔話し合いがもめごとの起こりそうな成り行きになってきた。〕

□(4) 最近は何も起こらないが、(　)の前の静けさだろうか。
〔最近は何も起こらないが、事件が起こる前の不気味な静けさなのだろうか。〕

□(5) 彼はこのグループの(　)の目となる人物だ。
〔彼はこのグループの中心にいて、影響(えいきょう)を与(あた)えている人物だ。〕

## 36 次の(1)～(4)の空欄にあてはまる漢字を、下の〔　〕内の意味を参考にしてそれぞれ答えなさい。

□(1) 腰が□い　〔人に対していばらないでていねいな様子〕

□(2) 顔が□い　〔たくさんの人たちとつきあいがある様子〕

□(3) 耳が□い　〔自分にいやなことを聞くのがつらい様子〕

□(4) 鼻が□い　〔自慢できることがあって得意げな様子〕

## 37 次の(1)〜(5)のことばの意味を、下から選び、記号で答えなさい。

□(1) 立て板に水

ア すらすらと話す様子
イ 見下して話す様子
ウ 反対意見を話す様子
エ 話題を次々と変えながら話す様子

□(2) 役不足

ア 自分の能力を生かす仕事がないこと
イ 自分の能力が与えられた仕事につり合わないこと
ウ 自分の能力が与えられた仕事よりも高いこと
エ 自分の能力が与えられた仕事よりも低いこと

□(3) 小春日和（こはるびより）

ア 残暑の後の風が気持ちよい晴れた日
イ 十一月ごろの春のようにあたたかい日
ウ お正月のころの春のようにのどかな日
エ 桜がさき出すころの春のおとずれを告げる日

□(4) 二の足を踏（ふ）む

ア 成功した人をまねて同じことをすること
イ ためらってぐずぐずすること
ウ 失敗をおそれずすぐに行動に移すこと
エ 最後の場面になって初めて力を発揮すること

□(5) 身を粉にする

ア 細かい作業をするために集中している様子
イ 自分の利益のために働いて体をこわす様子
ウ 苦労をいやがらずに一生けん命に働く様子
エ 他の人には大変な仕事を軽々とこなす様子

## 38 次のそれぞれの問題に答えなさい。

□(1) 次の□に、ふさわしいことばを入れたとき、用いられないものがあります。記号で答えなさい。

・彼は□に衣着せぬものの言い方をする。
・□をそろえて返済（へんさい）する。
・みんな浮□立って、落ち着かない様子だ。
・二枚□を使うのはやめなさい。

ア 舌　イ 歯　ウ 足　エ 耳　オ 鼻

□(2) 次の□に、ふさわしいことばを入れてことわざを完成させたとき、用いられないものがあります。記号で答えなさい。

・□子にも衣装（いしょう）
・□の甲（こう）より年の功
・やぶをつついて□を出す
・捕（と）らぬ□の皮算用

㋐ 犬　㋑ 蛇（へび）　㋒ 亀（かめ）　㋓ 狸（たぬき）　㋔ 馬

□(3) 故事成語「他山の石」の意味・用法ともに正しい文を一つ選び、記号で答えなさい。

㋐ 相手チームのミスは他山の石だ。こちらが気にする必要はないよ。
㋑ 今回のテストでA君は百点満点だ。A君の努力を他山の石として、僕もがんばらなくちゃ。
㋒ 他山の石の出来事だよ。放っておいた方がいい。
㋓ 彼らの失敗を他山の石として、僕らはミスのないようにしなくちゃいけない。
㋔ 力を合わせれば、他山の石でもきっと価値のあるものになるさ。がんばろう。

□(4) 次の慣用句について、正しいものを一つ選び、記号で答えなさい。

㋐ 上や下への大混乱
㋑ 気のおける仲
㋒ 愛敬（あいきょう）をふりまく
㋓ 一つ返事で引き受ける
㋔ 口先三寸で丸めこむ

**39** 次の(1)〜(5)の（　）の中には、動物の名前が入ります。それぞれのことばの意味を考えて、（　）に入る動物の名前をひらがなで答えなさい。

□(1) （　）返し……相手の言ったとおりに言い返すこと。
□(2) （　）の子……大切に秘蔵（ひぞう）するもの。
□(3) ふくろの（　）……にげ場がないこと。
□(4) （　）をかぶる……本性をかくして上品ぶる様子。
□(5) とびが（　）を生む……平凡な親がすぐれた子を生むこと。

**40** 次の(1)〜(5)までの、四つの「ことわざ」が並んだグループの中で、四つが同じ意味を持つものは空欄のままに、二つずつが同じ意味を持つものに△を、すべてがちがう意味を持つものに×を、それ以外の組み合せのものに○をつけなさい。

□(1) 猫に小判　月とすっぽん　豚に真珠　月夜に提灯

□(2) 爪（つめ）に火をともす　鉄は熱いうちに打て
急がば回れ　餅は餅屋

□(3) 負けるが勝ち　猿も木から落ちる　河童の川流れ
弘法は筆を選ばず

□(4) 医者の不養生　紺屋の白袴　髪結（かみゆい）の乱（みだ）れ髪
坊主の不信心

□(5) ぬかに釘　河童に水練を教える　暖簾に腕押し
釈迦に説法

**41** 次の□に漢字や漢数字を入れ、ことわざや慣用句を完成させなさい。また、その意味として最もふさわしいものを、左のㇵ～コから選び、記号で答えなさい。

□(1) 石の上にも□年　　□(2) □機応変

□(3) 立て□に水　　□(4) 馬耳□風

□(5) □事休す　　□(6) 手足が□になる

□(7) 朱（しゅ）にまじわれば□くなる　　□(8) 一日□秋

□(9) 暖簾に□押し　　□(10) □に衣着せぬ

ア ひどく疲（つか）れること

イ ぜんぜん手ごたえがないこと

ウ 関わり合う友人によって善人にも悪人にもなる

エ 何をするにも根気が必要だということ

オ 人のいうことを聞き流してしまうこと

カ 思ったことをはっきり言う

キ 待ちこがれること

ク その時々に適切な方法をとること

ケ 口が達者ですらすら話すこと

コ 手のほどこしようがなくなること

**42** 次の――線部分の意味に合う慣用句をそれぞれのア～ウの中から選び、記号で答えなさい。また、□に共通して入る「からだ」の部分を表す漢字も書きなさい。

□(1) 孫が<u>たいそう可愛くてしかたがない</u>。

ア □から鼻へ抜ける

イ □がこえる

ウ □の中へ入れても痛くない

□(2) 友達のピンチに<u>自分からは何もしないで、ただ見ているだけ</u>だった。

ア □をこまねく

イ □に余る

ウ □をわずらわせる

□(3) あの選手は優勝したら、いばって歩くようになった。

㋐ □の荷が下りる　㋑ □で風を切る　㋒ □をならべる

□(4) 彼の勝手な行動に心中のいかりをこらえることができない。

㋐ □が太い　㋑ □にすえかねる　㋒ □がすわる

□(5) 子どもの発言に母親は心配そうな様子になっている。

㋐ □をくもらせる　㋑ □に泥をぬる　㋒ □から火が出る

**43** 次の慣用句の（　）内の意味をふまえて、□に入る正しい語句を後から選び、記号で答えなさい。

□(1) [1]を見る（人の弱みにつけこむこと）

㋐ 泣き　㋑ 足元　㋒ ふところ　㋓ 背中

□(2) [2]をかむ（今さらどうにもならずくやむこと）

㋐ ゆび　㋑ ほぞ（へそのこと）　㋒ した　㋓ みみ

□(3) [3]にとる（相手の攻撃をそらし、それを反対にうまく利用して攻め返すこと）

㋐ 盾　㋑ 手玉　㋒ 逆手　㋓ 鼻

□(4) [4]が甘い（立ち向かう姿勢にきびしさが足りなくて、相手につけ込まれやすいこと）

㋐ て　㋑ むね　㋒ わき　㋓ かた

□(5) [5]風（物事がうまくいっているときに後おしとなるできごとのこと）

㋐ 季節　㋑ 向かい　㋒ 追い　㋓ 横

□(6) [6]に持つ（人からされたことをうらみに思って忘れないでいること）

㋐ 幹　㋑ 根　㋒ 心　㋓ 手

□(7) [7]登り（気温や物価などがどんどん上がっていくこと）

㋐ 鯉　㋑ 鮭　㋒ 鰻　㋓ 飛び魚

□(8) [8]をさす（相手が後で約束を破ったりしないように事前に念をおしておくこと）

㋐ 針　㋑ 釘　㋒ 手　㋓ 指

□(9) [9]をかじる（自分で独立して生活する事ができないで、親または他人に養ってもらうこと）

㋐ 脛　㋑ 財産　㋒ 大黒柱　㋓ 敷居

□(10) 10 を読む（都合のいいように数をごまかすこと）

㋐ ネコ　㋑ ウマ　㋒ サバ　㋓ ナマズ

**44** 次の(1)〜(8)は体の一部を用いた慣用句です。（　）に入る漢字一字を答えなさい。また、あとの㋐〜㋗からその意味として正しいものを選び、記号で答えなさい。

□(1)（　）をさぐる　□(2)（　）をまく

□(3)（　）に衣着せぬ　□(4)（　）であしらう

□(5)（　）をかりる　□(6)（　）をやく

□(7)（　）をくわえる　□(8)（　）をうばわれる

㋐ 人の様子をうらやましそうに見ていること。
㋑ 交通機関が事故等で止まってしまうこと。
㋒ 取りあつかいに困ってもてあますこと。
㋓ 相手の心中をうかがうこと。
㋔ そっけない態度を取ること。
㋕ 自分より力が上の人に相手になってもらうこと。
㋖ 相手に遠慮せず率直に言うこと。
㋗ ひどくおどろき、感心すること。

**45** 次の(1)〜(5)のことわざの意味に最も近い語を、後の語群からそれぞれ選び、漢字に直して答えなさい。（同じ語は二回使用しないこと。）

□(1) 転ばぬ先の杖

□(2) 眉（まゆ）をひそめる

□(3) 棚からぼた餅

□(4) 虎の尾をふむ

□(5) 肩を持つ

【語群】　きけん　しんせつ　みかた　ふかい　ようじん　こううん

**46** 例にならって、次の(1)〜(5)の各文の内容を表す、動物（鳥、虫をふくむ）を二種類用いたことわざを答えなさい。ただし動物名は後の語群から選びなさい。

〔例〕都合のよい方にきりかえること。
〔答〕牛を馬にのりかえる

□(1) 強大な敵の前ですくんで動けなくなること。

□(2) 二つのものをねらって、どちらも失敗すること。

□(3) 有力者の権威（けんい）をうしろだてにしていばる小人物。

□(4) 親ににあわないすぐれた子が生まれること。

□(5) 自分の力量を考えず、むやみに人まねをして失敗すること。

【語群】 牛　馬　あぶ　う　かえる　からす　きつね　たか　とび　とら　はち　へび

**47** **例にならって、次の各組の説明文を表すことわざ・慣用句を考えなさい。ただし、各組の(1)〜(3)には三つとも同じ漢字が使われています。**

〔例〕「山」 ㋐ 万一の幸運をあてこんで事を行う
㋑ 物事が一段落（だんらく）する
㋒ 物事はみかけより実質が大切だ

〔答〕 ㋐ 山をかける
㋑ 山を越（こ）す
㋒ 山高きがゆえに貴（たっと）からず

□(1) 「横」 ㋐ あまり技術がないのに熱中している
㋑ 道理に合わないことを無理やりに通そうとする
㋒ 常識や習慣にそむくやり方をする

□(2) 「油」 ㋐ むだ話をして仕事をなまける
㋑ 過失などをきびしくとがめる
㋒ 悪い事態をさらに悪くする

□(3) 「犬」 ㋐ 競争に敗れた者が、陰（かげ）で相手をののしる
㋑ 不必要に物事をしようとする者は災難にあいやすい
㋒ よく世話をしてやった部下などに裏切られる

# 06 語句・知識

# 重要なことば

何かを考えるとき、具体的なことば（くわしいことば）を使ったり、抽象的なことば（まとめたことば）を使ったりする。気持ちを表すことば、様子や状態を表すことばを使ったりもする。

自分の考えを文で表すときや、相手の考えが表された文を読むときに、抽象的なことば、気持ちを表すことば、様子や状態を表すことばを自分のものにしていると、自分の考えをよりはっきりと文で表すことができたり、文を読んで相手の考えをしっかりととらえることができる。

自分が使えることばを増やすのは、短い期間でできることではない。日々の生活や学習の中で、少しずつことばを増やしていこう。そのときに、抽象的なことば、気持ちを表すことば、様子や状態を表すことばに注目してみよう。

チャレンジ問題は本文82ページ～

## ★次のことばの意味をチェックしよう

□(1) 生憎⇩運悪く。

□(2) あたかも⇩ちょうど。まるで。

□(3) あどけない⇩むじゃきで悪気がない。

□(4) あなどる⇩相手を軽く見る。

□(5) ありきたり⇩どこにでもある。

□(6) あんのじょう⇩思ったとおり。

□(7) 暗黙⇩だまってものを言わないこと。

□(8) いかめしい⇩威圧するような感じがあり近よりがたい。

□(9) 意気⇩心だて。気だて。

□(10) いさめる⇩相手の欠点を言って改めさせようとする。

□(11) 意志⇩ものごとをしようとする心。

□(12) いじらしい⇩けなげでかわいそうな様子。

□(13) いそしむ⇩せいだしてはげむ。

□(14) いたいけ⇩子どもなどの痛々しく、いじらしい様子。幼くてかわいい様子。小さくてかわいらしい様子。

□(15) いつくしむ⇩大切にしてかわいがる。

□(16) いぶかしむ⇩疑う。

□(17) いましめる⇩注意する。教えさとす。いけないとしかる。

□(18) いまわしい⇩縁起(えんぎ)が悪い。嫌(いや)な感じがする。不愉快(ふゆかい)。

□(19) 印象⇩見たときや聞いたときに、心にきざまれ、あとまで残っている感じ。

□(20) 浮(う)き足立つ⇩にげ腰(ごし)になる。

□(21) うしろめたい⇩悪いことをして気がとがめる様子。

□(22) うわべ⇩表面。人の目につくところ。

□(23) 影響(えいきょう)⇩ある事がらがほかのことに関係すること。

□(24) 会得(えとく)⇩わかること。のみこむこと。

□(25) 往々⇩ときどき。

□(26) 往生(おうじょう)⇩死ぬこと。

□(27) おおしい⇩勇ましい。

□(28) おくゆかしい⇩おく深く感じられて、心をひかれる。

□(29) おこがましい⇩さしでがましい。

□(30) おのずから⇩自然に。ひとりでに。

□(31) おぼつかない⇩心細く頼(たよ)りない。不確(たし)かだ。

□(32) 面影(おもかげ)⇩記憶(きおく)に残る、ある人の顔つきや姿(すがた)。

□(33) おもむろ⇩動き方がゆっくりしている様子。

□(34) かいがいしい⇩動作がきびきびしている様子。

□(35) かいもく⇩全く。全然。

□(36) かこつける⇩ほかのことをもちだしていいわけをする。

□(37) 簡素(かんそ)⇩質素でかざりけがないこと。

□(38) 起源(きげん)⇩おこり。はじまり。

□(39) 気性(きしょう)⇩生まれつきの心だて。

□(40) 共鳴⇩人の行いやことばに心を動かされ、それと同じように思い感じること。

□(41) 供給(きょうきゅう)⇩ほしいというものをあたえること。

□(42) 兆(きざ)し⇩もののおこり始めるしるし。

□(43) 口ぞえ⇩わきからいろいろ言って助けること。

□(44) 経過⇩過ぎていくこと。なりゆき。

□(45) けげん⇩わけがわからなくて、納得いかない様子。

□(46) 傑作(けっさく)⇩非常にすぐれたよい作品。

□(47) 後悔(こうかい)⇩後でくやむこと。

□(48) こそく⇩一時の間に合わせ。その場のがれ。

□(49) こもごも⇩かわるがわる。

□(50) さながら⇩ちょうど。まるで。

□(51) 指針(ししん)⇩手びき。方針。

□(52) したたか⇩手ごわい様子。思い通りにいかない様子。

□(53) 自重⇩自分を大切にして、軽はずみなことをしないこと。

□(54) 質素⇩つましいこと。

□(55) 資本⇩商売などをするときのもとになる金。

□(56) 需要（じゅよう）⇩いりよう。物をほしがること。

□(57) 成就（じょうじゅ）⇩でき上がること。仕上がること。

□(58) 精進（しょうじん）⇩一心（いっしん）に仏の教えを受けて勤（つと）める。

□(59) すげない⇩親切心がない。

□(60) 素性（すじょう）⇩生まれ。育ち。血筋（ちすじ）。

□(61) せとぎわ⇩うまくいくか失敗するかなどのわかれめ。

□(62) 世論（せろん）⇩世間の人々の意見。

□(63) 洗練（せんれん）⇩練りに練って美しく仕上げること。

□(64) そっけない⇩思いやりがない。愛想（あいそ）がない。

□(65) 損失⇩利益をなくすこと。

□(66) 他界する⇩あの世に行くこと。死ぬこと。

□(67) たしなめる⇩軽くしかる。

□(68) たたずまい⇩そこから感じられる雰囲気（ふんいき）。

□(69) たたずむ⇩その場を去りがたく、じっとたちどまる。

□(70) たどたどしい⇩あぶなっかしい。おぼつかない。

□(71) ためらう⇩気持ちがまとまらなくて迷う。

□(72) 単調⇩調子が同じで変化にとぼしいこと。

□(73) 断念⇩あきらめること。

□(74) 知己（ちき）⇩自分の心をよくわかってくれる人。

□(75) 着手⇩手をつける。とりかかる。

---

□(76) 著名（ちょめい）⇩有名。

□(77) つかのま⇩ほんの少しの間。

□(78) つきなみ⇩ありきたり。平凡（へいぼん）。

□(79) つつましい⇩ひかえめで遠慮（えんりょ）深い様子。

□(80) 天分⇩生まれつきそなわっているすぐれた才能。

□(81) 動機⇩物事をするきっかけ。

□(82) 唐突（とうとつ）⇩不意で、その場に合っていない様子。

□(83) とほうにくれる⇩どうしたらよいかわからず困（こま）りはてる。

□(84) なおざり⇩いいかげんにして気にとめない。

□(85) 名残（なごり）⇩別れるものや過ぎ去るものをおしむ気持ち。

□(86) にわかに⇩急に。突然に。

□(87) 認識（にんしき）⇩物を感じたり知ったりする心のはたらき。

□(88) ぬかずく⇩額が地につくまで頭を下げておがむこと。

□(89) ぬかりない⇩油断がない。

□(90) ぬれぎぬ⇩無実の罪を負わされること。

□(91) ねぎらう⇩苦労したことに対して感謝し、いたわること。

□(92) ねたむ⇩人のすぐれているところを、うらやんだり、にくらしく思ったりする。

□(93) ねんごろ⇩親切でていねい。

□(94) ねんをおす⇩だいじょうぶかと何度も注意する。

□ (95) のたうつ⇩苦しみ、転げまわること。

□ (96) はぐくむ⇩かわいがって育てること。

□ (97) はぐらかす⇩別のことを言ってうまくごまかす。

□ (98) はばむ⇩ふさぐ。じゃまをする。

□ (99) 微妙⇩細かくて美しさや味わいがなんともいえないこと。

□ (100) ひるむ⇩おそれて、勢いが弱る。

□ (101) 物色⇩たくさんの中から選んで探しだす。

□ (102) ふんがいする⇩腹をたてる。

□ (103) 本性⇩生まれつきの性質。

□ (104) みじろぎ⇩体を少し動かすこと。

□ (105) 無分別⇩わきまえがないこと。

□ (106) もってこい⇩うってつけ。

□ (107) もどかしい⇩思うようにならないでいらいらする。

□ (108) やにわに⇩びっくりするぐらい急に。

□ (109) やむをえない⇩しかたがない。

□ (110) ゆだねる⇩信用してすっかりまかせる。

□ (111) ゆるがせにする⇩いいかげんにする。

□ (112) わだかまる⇩心にいやなことがたまって、気持ちがすっきりしない。

□ (113) 価値観⇩どのような物事に価値を認めるかという個人個人の評価の判断。

□ (114) 現実的⇩①考え方などが現実にあっている様子。②理想や夢がなく、実際の利害にのみ敏感な様子。

□ (115) 感覚的⇩理性ではなく、感覚に訴える様子。

□ (116) 理性的⇩感情に走ることなく、理性に基づいて判断し行動する様子。

□ (117) 利己的⇩自分の利益だけを追求しようとする様子。

□ (118) 意識的⇩自分でもそうと知りながらしている様子。故意。意図的。わざと。

□ (119) 好奇心⇩珍しい物事・未知のことがらに対して抱く興味や関心。

□ (120) 打算的⇩自分の損得ばかりを考えて行動する様子。

□ (121) 主体的⇩自分の意志・判断によって行動する様子。自主的。

□ (122) 主観的⇩主観に基づく様子。また、自分だけの見方にとらわれている様子。

□ (123) 客観的⇩自分の考えをいれずに、ものごとをありのままに見たり考えたりする様子。

□ (124) 合理的⇩①論理にかなっている様子。因習や迷信にとらわれない様子。②目的に合っていてむだのない様子。

□ (125) 相対的⇩他との関係・比較の上で成り立っている様子。

□(126) 絶対的⇩ほかにくらべるものがない様子。何物にも制限されない様子。

□(127) 建設的⇩その事の良さを積極的に認めたうえで、さらに良くしていこうとする様子。物事の成立や進行をおし進めようとする様子。

□(128) 破壊(はかい)的⇩物事をこわそうとする様子。物事の成立や進行をさまたげようとする様子。

□(129) 創造(そうぞう)的⇩それまでにはなかった新しいものを作り出していく力がある様子。

□(130) 必然性⇩そうなる以外にありえないこと。

□(131) 本質的⇩本質にかかわりのある様子。それなしには考えられないほど大事な様子。

□(132) 本能的⇩本能によって動かされる様子。

□(133) 論理的⇩論理にかなっている様子。論理を追って考える様子。

□(134) 典型的⇩ある種のものの特徴(とくちょう)・性格などをよく表している様子。

□(135) 優越(ゆうえつ)感⇩自分が他人よりすぐれているという感情。

□(136) 劣等(れっとう)感⇩自分が他より劣(おと)っているという感情。

□(137) 責任感⇩責任を重んずる気持ち。

---

□(138) 一般(いっぱん)的⇩特別ではなく、広く行き渡(わた)っている様子。

□(139) 悲観的⇩ものごとが何もかもうまくいかないと思う様子。

□(140) 楽観的⇩ものごとが何でもうまくいくと思う様子。

□(141) 画一的⇩すべて一様にそろえる様子。枠(わく)にはめこむ様子。

□(142) 矛盾(むじゅん)⇩つじつまが合わないこと。物事の道理が一貫(いっかん)しないこと。

□(143) 機能的⇩目的を満足させるのに十分でむだがない様子。

□(144) 皮肉⇩①相手の欠点や弱点を意地悪く遠まわしに非難(ひなん)すること。②予想や期待に反し、思い通りにいかないこと。

□(145) 秩序(ちつじょ)⇩①物事の正しい順序。②社会のいろいろな要素がおたがいに一定の関係・規則によって結びつき、調和を保っている状態。

□(146) 原理⇩事象やそれについての認識を成り立たせる、根本となるしくみ。

□(147) 仮定⇩事実に関係なく、仮に定めること。想定。仮想。

□(148) 保守的⇩古くからの習慣・制度・考え方などを尊重(そんちょう)し、急激(きゅうげき)な改革(かいかく)に反対するような様子。

□(149) 革新(かくしん)的⇩古くからの習慣・制度・状態・考え方などを新しく変えようとするような様子。

□(150) 前提⇩ある事が成り立つためのもとになる条件。

□(151) 認識⇩物事を見分け、本質を理解し、正しく判断すること。また、そうする心のはたらき。

□(152) 適応性⇩外的な刺激(しげき)や環境(かんきょう)の変化に応じて、それにふさわしいように自分を変えていく性質・能力。

□(153) 先入観⇩実際に見たり聞いたりする前に、すでにできあがった固定的な見方や考え方。思いこみ。それによって自由な思考がさまたげられる場合に言う。

□(154) イメージ⇩想像して頭の中で思い浮かべるものの形や姿。

□(155) エゴイズム⇩自分の利益を中心に考えて、他人の利益は考えない思考や行動の様式。利己主義。

□(156) エチケット⇩時と場合に合わせた、社交上の決まり。

□(157) エピソード⇩逸話(いつわ)。人の知られていない、おもしろい話。

□(158) オリジナル⇩独創的。

□(159) カルチャー⇩文化。教養。

□(160) クオリティ⇩品質。

□(161) コスト⇩ものを作るときにかかる費用。

□(162) コミュニケーション⇩ことばでおたがいの気持ちや考えを伝えあうこと。意志疎通(そつう)。

□(163) システム⇩制度。組織。方式。

□(164) シミュレーション⇩模擬(もぎ)実験。

□(165) ストレス⇩体の調子や気分が、ふだんとは変わるような、心に悪影響をあたえる、さまざまな刺激。

□(166) スリル⇩恐怖(きょうふ)や期待による、はらはら、どきどきするような緊張(きんちょう)感。

□(167) ダメージ⇩損害。痛手(いたで)。

□(168) デメリット⇩欠点。短所。損失。

□(169) デリケート⇩微妙で注意が必要な。するどく感じやすい。

□(170) テンポ⇩物事の進み具合。

□(171) ニーズ⇩必要とすること。要求。

□(172) ノルマ⇩ひとりひとりに割り当てられた、しなければならない仕事の量。

□(173) プライド⇩誇(ほこ)り。自尊心。自負心。

□(174) プレッシャー⇩精神的圧力。

□(175) プロセス⇩過程。

□(176) ムード⇩気分。雰囲気。

□(177) メリット⇩利点。価値。

□(178) モデル⇩型。手本。

□(179) モラル⇩道徳。倫理(りんり)。

□(180) ユーモア⇩上品で気の利いたしゃれ。

□(181) ユニーク⇩独特な。

# 重要なことば
## ―チャレンジ問題―

解答は別冊6ページ

**1** 次の□の中に、最もよくあてはまることばを、後の㋐～㋗の中から選び、記号で答えなさい。

□(1) 母は、朝早くから□働いている。
□(2) 休む間もない畑仕事で□。
□(3) 人の意見に□ことなく、自分の意見を発表する。
□(4) 戦争の話になると、父はいつも□。
□(5) 死んだ祖母のことを思うと、□なみだがこぼれた。

㋐ 思いめぐらす　㋑ 左右される
㋒ とめどなく　㋓ 精も根もつきる
㋔ いまいましく　㋕ かいがいしく
㋖ ひとあわふかせる　㋗ 口を閉じる

**2** 次の(1)～(10)に続く最も適当な語を㋐～㋙から選び、記号で答えなさい。

□(1) 思わず　□(2) やっと
□(3) ういういしい　□(4) 必ずしも
□(5) 菊(きく)といえば　□(6) ぷうんと
□(7) 感じかたが　□(8) そんなにやすやすと
□(9) そんなことで　□(10) 雑草が

㋐ 花嫁姿(はなよめすがた)だった　㋑ はびこっている
㋒ へこたれるな　㋓ 秋を思う
㋔ こまやかだ　㋕ 雪が消えた
㋖ 手をたたいた　㋗ そうとは限らない
㋘ 花の香りがする　㋙ できるだろうか

**3** 次の文の――線をつけた部分の意味の熟語(じゅくご)を、例にならって、後の語群から漢字を組み合わせて作りなさい。

〔例〕 この問題はたやすくとける。　〔答〕 平易

□(1) 工作になにもかも忘(わす)れて夢中になる。
□(2) 規則をかたくまもる。
□(3) 努力の結果、すばらしい発明をなしとげた。
□(4) 教科書をくわしくよめばわかる。

□(5) この辞典のほかのものよりとくにすぐれているところは引きやすいことだ。

【語群】
長・成・中・頭・守・得・読・就・徴・没・精・特・生・厳

## 4 次のⒶのところに書いてある外来語（もとは外国語であったが、いまは日本語になっているもの）の意味にあたるものを、Ⓑのところから選び、記号で答えなさい。

Ⓐ
□(1) スケール　□(2) コレクション
□(3) ジンクス　□(4) デラックス
□(5) アトラクション　□(6) ジグザグ
□(7) コンクール　□(8) アマチュア
□(9) スポンサー　□(10) レポート

Ⓑ
㋐ 競演・競技会　㋑ 魅力・人気をよぶ余興
㋒ 宣伝・広告　㋓ 素人・好事家
㋔ Z字形・電光形　㋕ 収集・あつめたもの
㋖ 規模・目盛り　㋗ 報告書
㋘ 不吉・縁起　㋙ ぜいたくな・高級な
㋚ 縮図・小型の模型　㋛ 援助者・広告主

## 5 次の語群の中の語は、後の文のうちのどれに入れるのが最も正しいですか。例にならって、その漢字の読みをひらがなで書きなさい。

【語群】
繁栄（例）・会得・平生・素行・潔・和・難易・強引・万人・奮・唱

〔例〕 国民が勤勉であれば国は［はんえい］する。

□(1) いやがる相手を［　］に行かせる。
□(2) 男なら［　］く白状しろ。
□(3) 健康な生活を送るためには、［　］から規則正しい生活をしなければならない。
□(4) 問題の［　］によって、解決に要する時間がちがってくる。
□(5) 実際の生活をとおして［　］した知識は、実地に役立つ。
□(6) 修学旅行のときの、持ち物の制限を［　］らげる。
□(7) ［　］のために政治をとる。
□(8) 敵に向かうと心が［　］い立つ。
□(9) 博士は人間の尊厳を［　］え続けた。
□(10) あの子は［　］がよくないので、みんなにきらわれている。

**6** (1)〜(4)のことばの意味として正しいものを、次の㋐〜㋓の中から一つずつ選び、記号で答えなさい。

□(1) かいがいしい
㋐ むじゃ気で明るい
㋑ 元気がよくて活発な
㋒ 休むひまもない
㋓ 骨身（ほねみ）をおしまない

□(2) もの心
㋐ 喜んで習おうという心
㋑ 世間の有様や人情を理解する心
㋒ 女らしいやさしい心
㋓ 物を大事に考える心

□(3) いつくしんで
㋐ きびしく注意して
㋑ かわいがって
㋒ わが子とわけへだてしないで
㋓ いつでもそばにおいて

□(4) おくさないように
㋐ おどおどしないように
㋑ すきができないように
㋒ 思いあがっていばらないように
㋓ 人よりおとらないように

**7** 次の外来語と同じ意味になる語を後の㋐〜㋞の中から選び、その記号を書きなさい。

□(1) ライバル　□(2) ジレンマ
□(3) エチケット　□(4) レジャー
□(5) コントロール　□(6) スローガン
□(7) ハンディキャップ　□(8) スペース
□(9) トリック　□(10) アリバイ

| | |
|---|---|
| ㋐ ゆるやかな動作 | ㋑ 標語 |
| ㋒ 余白 | ㋓ ごまかし・からくり |
| ㋔ 相談役 | ㋕ 競争相手 |
| ㋖ 礼儀（れいぎ）作法 | ㋗ 予備 |
| ㋘ 制御（せいぎょ） | ㋙ いたばさみ |
| ㋚ 余暇（よか） | ㋛ 印象 |
| ㋜ 現場不在証明 | ㋝ 逃亡（とうぼう） |
| ㋞ 不利な条件 | |

**8** 次のことばと同じ内容の熟語を一つ選び、記号で答えなさい。

□(1) すっかり新しくすること　（ア 更新　イ 改新　ウ 一新　エ 新進）

□(2) 物事の始まり　（ア 先発　イ 発端　ウ 発作　エ 開発）

□(3) 親しい友人　（ア 知名　イ 旧知　ウ 知己　エ 知人）

□(4) わずかな時間　（ア 一時　イ 一気　ウ 一挙　エ 一刻）

**9** 次の文の□の中に入れるのに、最もよいものを後のア〜コの中から選び、その記号を答えなさい。

□(1) 今日対戦する両校バレー部は対照的な□を持っている。

□(2) □として今回の新しい試みがなされた。

□(3) その国の官庁の□な仕事ぶりに彼はイライラした。

□(4) 訪れた考古館はわたしたちに□の役割をはたした。

□(5) 小柄なその二塁手がいつでも□となって我々に希望を与えてくれた。

□(6) その食堂は□の採用で経費を安くあげていた。

ア テストケース　イ ストレート　ウ スポーティー

エ タイムカプセル　オ スローモー　カ チームカラー

キ チャンスメーカー　ク トラブル　ケ デッドヒート

コ セルフサービス

**10** 次の文中の□に、後のことばをあてはめなさい。必要なときは、文に合うようにことばのかたちを変えること。

かぜをひいたのか母は熱を出していた。家に帰ってみると、妹がいつになく□(1)母を手つだって夕食のしたくをしている。そういえば、姉がおよめに行ってうちからいなくなって後は、妹は姉がしていたように□(2)ていることがときどき見られた。家事にたずさわるというようなことは以前の妹にはまずなかったことだ。夕食が終わって、妹は母のためにねどこを□(3)てあげると、「かたづけはするから、母さん先にやすんだら。」とすすめている。決してわざとらしく親切をよそおっているのではない妹の姿が、なんとも□(4)思えた。母はおどろきながら少し□(5)たが、「それじゃ、たのもうかしら。」と言った。母の顔が□(6)のがぼくにははっきりとわかった。

わが家はずっと前に父がなくなり、親子四人が□(7)くらしている。家族で旅行をしたりドライブに行ったりしたことはない。しかし、わが家に帰ってくれば□(8)ことをわすれてくつろぐことができるというのは、品物やお金に代えることのできない、わが家のたいせつな宝だと思う。

〔ためらう　ふるまう　なごむ　しつらえる
つつましい　かいがいしい　いじらしい　わずらわしい〕

**11** 次の(1)～(6)までの文には、後の㋐～㋙の漢字を二つ重ねたものが入ります。それぞれあてはまる漢字を選び、記号で答えなさい。

□(1) 白い包帯が（　　）しい。
□(2) 不作法な態度が（　　）しい。
□(3) あの人は平気で（　　）しいうそをつく。
□(4) （　　）と胸をはって歩く。
□(5) 別れの時が（　　）とせまる。
□(6) ダムには（　　）と水がたたえられている。

㋐ 弱　㋑ 苦　㋒ 軽　㋓ 重　㋔ 白　㋕ 堂
㋖ 痛　㋗ 転　㋘ 満　㋙ 刻

**12** 次の意味にあたる「熟語」を後の㋐～㋝から選び、記号で答えなさい。

□(1) きまりを定めること
□(2) よくつりあいがとれていること
□(3) こっそりと知らせること
□(4) とりそろえて届けること
□(5) 広く見わたすこと
□(6) 熱心にほしがること

㋐ 展望　㋑ 通知　㋒ 調達　㋓ 調整　㋔ 調和
㋕ 探求　㋖ 制定　㋗ 観察　㋘ 密告　㋙ 制約
㋚ 通称　㋛ 提案　㋜ 切望　㋝ 配分

**13** 次の(1)～(10)の——線部のことばと同じような意味を表す語を、後の語群から選び、漢字に改めて書きなさい。

□(1) 美しい花が咲くだろうとあてにする。
□(2) その発見は人類にとってひじょうにたいせつである。
□(3) 勝手なことばかりしていると人から強くとがめられるぞ。
□(4) ぼくはその番組を見て、戦争のおそろしさをしみじみと思い知った。
□(5) 失敗をものともせず、勇気をふるい起こして立ち直った。
□(6) この文章は、よくまとまってむだがない。
□(7) 間もなく熱戦がくりひろげられることだろう。
□(8) めんどうでこみいった問題をてきぱきと処理する。
□(9) 自分勝手にひとりで決めるのはよくない。
□(10) 今夜は、気持ちが高ぶってねむれない。

【語群】
サイキ　カンケツ　テンカイ　コウフン
キタイ　ドクダン　ヒナン　キチョウ
フクザツ　ツウカン

**14** 次の(1)〜(6)にあてはまる外来語を㋐〜㋙の中から選び、記号で答えなさい。

□(1) 社会事業などで自発的に奉仕(ほうし)活動する人
□(2) 国際的な行事などで案内役・接待役をつとめる女性
□(3) 会社の就業時間(しゅうぎょう)のうち、ある時間だけ勤務する人
□(4) 物事のいとぐちをきりひらいた人
□(5) 歌手であって、みずから作詞(さくし)や作曲をしている人
□(6) 新人・新入社員

㋐ パートタイマー　㋑ ディレクター
㋒ キャスター　㋓ コンパニオン
㋔ パイオニア　㋕ プロデューサー
㋖ フレッシュマン　㋗ スタントマン
㋘ シンガーソングライター　㋙ ボランティア

**15** 「あけました」ということばは、次のようにいろいろな使われ方をします。

① 夜があけました。
② 窓(まど)をあけました。
③ バケツの水をたらいにあけました。
④ 買物に行って家をあけました。
⑤ いすといすの間をあけました。

□ それでは、「かけました」はどのような使われ方があるでしょうか。異(こと)なる使い方の例を六つ書きなさい。

**16** 次の文章の意味が通るように（　）に入る最も適当なことばを、後の㋐〜㋙から選び、記号で答えなさい。ただし㋐〜㋙のことばは、一度しか使えません。

□(1) 「二度とけんかをしてはいけません」と母親は子供(こども)に（　）。
□(2) 先生の前へ出るときんちょうして考えてきたことばをつい（　）。
□(3) 返事に困(こま)りはて、でたらめを言ってその場を一応（　）。
□(4) 健ちゃんは「絶対ウソは言っていない」と（　）。
□(5) 帰りを急いでいたのでだいじな伝言の一部を（　）。
□(6) けんかに負けてくやしくてよけいな悪口までつい（　）。
□(7) 「明日までに必ずこの宿題をしておきなさい」と先生は生徒に（　）。

㋐ いいしぶる　㋑ いいそびれる　㋒ いいこめる
㋓ いいはる　㋔ いいふくめる　㋕ いいすぎる
㋖ いいもらす　㋗ いいわたす　㋘ いいぬける
㋙ いいかわす

**17** 次の文中の――線部「あげる」の意味として最もよいものを、後より一つずつ選び、記号で答えなさい。

□(1) 悲鳴をあげる。
□(2) 安くあげる。
□(3) 理由をあげる。
□(4) 結婚式(けっこんしき)をあげる。
□(5) うでをあげる。

㋐ 上達させる　㋑ とり行う　㋒ つかまえる
㋓ 出す　㋔ きわだたせる　㋕ すます
㋖ 示す

**18** 次の外来語と同じ意味にあたる語を後の語の中から選び、記号で答えなさい。

□(1) スローガン
□(2) テーマ
□(3) ユートピア
□(4) ジェスチュア（ゼスチュア）
□(5) データ

㋐ 規則　㋑ 広告　㋒ 身ぶり　㋓ 主題
㋔ 標語　㋕ 理想郷(りそうきょう)　㋖ 原因　㋗ 資料
㋘ 遊園地　㋙ 平均

**19** 次にあげた文の意味になるように、□に適当な漢字を入れて、二字の熟語を完成させなさい。

□(1) 好んで使うこと。――愛□
□(2) それとなしに知らせること。――暗□
□(3) 確(たし)かでまちがいないこと。――確□
□(4) 体が丈夫(じょうぶ)で病気しないこと。――健□
□(5) 向かい合って、話し合うこと。――□談
□(6) むだなほねおり。――徒□
□(7) 祝いの気持ちをのべることば。――祝□
□(8) 戦いに負けること。――□北

**20** 次の□に、（　）の中に示されているような意味の語句を作るには、どのような漢字を入れればよいか、例にならって書きなさい。

〔例〕
発
　育（だんだん大きくなってゆくこと）
　刊（本を出版すること）

□(1)
中
　□（どちらにも味方せず、敵対もしないこと）
　□（性質の反対のものを一つにとけあわせること）

(2) □□→実
(くだもの)
(確かでまちがいのないこと)

(3) 理→□□
(物事の意味やわけを知ること)
(考えられるものの中で最も完全なもの)

(4) 対→□□
(向きあった位置にありつりあうこと)
(地位や力などが相手と同じ程度であること)

(5) 展→□□
(遠くの方まで見わたすこと)
(数多く並(なら)べて人々に見せること)

(6) 観→□□
(物事や自然のようすをありのままに見ること)
(天体・気象などの変化を調べること)

(7) □□→復
(行ったり来たりすること)
(健康などがもとどおりになること)

**21** **次の□□の部分に、( )の意味と同じ熟語を書きなさい。**

(1) 交差点の朝夕の□□はすごい。(こみあうこと)

(2) 医者は「絶対□□にしなさい。」と言った。(しずかにねていること)

(3) 駅にきっぷの□□をしておいた。(前もって約束すること)

(4) バスの□□□まで毎朝走って行く。(バスが一時とまり乗客が乗り降(お)りするところ)

(5) 大昔の人たちは□□□□の生活を送っていた。(必要なものは自分で作って自分で使うこと)

**22** **左の意味を参考にして、漢字二字の熟語を書きなさい。**

(1) こわれた自転車を□□する。
(なおすこと)

(2) 重要書類を金庫に□□する。
(大切にしまっておくこと)

(3) プロレスを見ていると□□する。
(感情が高ぶること)

(4) 友だちの詩集を□□する。
(本を印刷して出すこと)

(5) 冬の登山はたいへん□□だ。
(あぶないこと)

**23** **次の意味を表す熟語を例にならって書きなさい。**

〔例〕本を読むこと。　〔答〕読書

(1) むかしから今までの、いろいろな物事のうつりかわり。

(2) かならずやらなければならないつとめ。

(3) 物事のようすを、くわしく見ること。

□(4) 病気やさいなんが起こらないように、前もってふせぐこと。

**24** 次の（　）の中に漢字を一字書き入れて、上の意味にあてはまる熟語を作りなさい。

□(1) ことばに出したときの調子　＝（　）調
□(2) 土地がやせて作物ができないこと　＝（　）毛
□(3) 問いや話しかけに答えること、うけ答え　＝（　）答
□(4) 広く人に知れわたっていること　＝（　）知
□(5) それとなしに知らせること　＝暗（　）
□(6) ほめたたえること　＝賛（　）
□(7) やりかたが細かくて手落ちのないこと　＝綿（　）
□(8) かまわずに、そのまま放っておくこと　＝放（　）

**25** 次の(1)〜(10)の説明にあてはまる熟語を、後のことばの中から一つずつ選び、漢字に直して書きなさい。

□(1) 身軽ですばやいさま。
□(2) 自由に使うこと。あやつること。
□(3) 工夫をこらすこと。
□(4) 手軽なさま。
□(5) こわれたところをおぎない、なおすこと。
□(6) いちはやくそのことを実行したり研究したりする人。
□(7) じょうぶでくらしていること。
□(8) 原料に手を加えて商品をつくること。
□(9) 人の考えに同感すること。
□(10) 熱心に一つのことだけをすること。

| | | |
|---|---|---|
| うんてん | かっぱつ | かんい |
| きょうちょう | きょうめい | けいかい |
| けんざい | けんぜん | こうあん |
| さんしゅつ | じどうしゃ | しんけん |
| せいぞう | せんかくしゃ | せんねん |
| そうじゅう | そうぞう | たんじゅん |
| ふくげん | ほしゅう | |

**26** 次の――線部を二字の熟語に書き改めなさい。

□(1) <u>いっぱんの人々の意見</u>を尊重する。
□(2) 花子さんは、静かな<u>ことばのちょうし</u>で話した。
□(3) 今日の<u>自分のおこないをふりかえってよく考えてみること</u>が大切だ。
□(4) それは、わたしの<u>しなければならないこと</u>です。

□(5) 学校までの道順はこみいってめんどうなので図にかいて説明しよう。

**27** **次の文中の□にあてはまる漢字を一字入れなさい。**

□(1) ゆくえ不明になった人々の□否(び)を気づかって、家族が事故の現場に集まった。

□(2) 大むかし、人類が他の動物とちがって火を使うようになったのは、□期的なできごとだったと言える。

□(3) 人間は成長するにつれて、自分のことだけでなく、社会のことについても強い□心を持つようになる。

□(4) あぶないから出発を見合わせるべきだという人々の□止をふり切って、かれは出かけた。

□(5) 意味のよくわかる□潔な文章を書くことがたいせつだ。

□(6) 外国へ旅行をして□聞を広めるのはよいことだが、その国の人々にめいわくをかけてはいけない。

□(7) 頭からあきらめてかからず、何とかして完成をめざして□善(ぜん)をつくすべきだ。

□(8) グループで社会科の研究をしたとき、先生の□言をいただいてから、うまく作業がはかどった。

**28** **次の——線部の訓読みを漢字に改め、その漢字ともう一つの漢字で同じ意味の熟語を作りなさい。(□内に——線部の漢字を使うこと。)**

〔例〕六時におきる→六時に□□する。　〔答〕起床

□(1) 外出をゆるす→外出を□□する。

□(2) 友人の家をたずねる→友人の家を□□する。

□(3) 命令にしたがう→命令に□□する。

□(4) 予定日をのばす→予定日を□□する。

□(5) 友人をまねく→友人を□□する。

□(6) お金がたりない→お金が□□する。

□(7) プリントをする→プリントを□□する。

□(8) 両親をうやまう→両親を□□する。

□(9) おぼれた子をすくう→おぼれた子を□□する。

□(10) 道がまじわる→道が□□する。

**29** **例にならって、次の(1)~(5)の文の〔　〕にあてはまることばをひらがなで答えなさい。それぞれのことばは、(　)内の数字の字数であり、〔　〕の中にある文字で始まるものとします。**

〔例〕真実だからといって、直接伝えるのは〔た　　〕れる。(4)

〔答え〕ためらわ

□(1) あたたかいことばをかけられ、落ち込んでいた僕は〔す　〕れる思いがした。(3)
□(2) みんなに愛されていたS選手は、多くの人に〔お　〕れながら引退した。(3)
□(3) しっかりした筆運びに、先生の実直な人柄が〔う　〕れる。(4)
□(4) つぎはぎだらけの綿入れに、祖母の苦労が〔し　〕れた。(3)
□(5) 台風の接近で、スポーツ大会の開催が〔あ　〕れている。(4)

**30** 「おそるおそる」「はなればなれ」のように、三字のことばをくり返した語を□□□□□□にひらがなで入れなさい。

□(1) 自分では完全にできたつもりだったのに□□□□□□ミスが見つかった。
□(2) 朝が早かったので、席に座って□□□□□□していたら、目的の駅で降りそこなってしまった。
□(3) 前日に風邪を引いてしまって友だちと修学旅行に行けなかったのが□□□□□□も残念だ。
□(4) 卒業式の日に□□□□□□の品物を持ち寄り、タイムカプセルに入れて校庭にうめた。
□(5) 最下位でたすきを受け取ったランナーが□□□□□□という間にトップに立った。

**31** 「どたばた」「はるばる」のように、二文字目と四文字目が同じひらがなであることばはいろいろあります。次の(1)～(6)のそれぞれの□に同じひらがなを入れ、(　)内の意味を表すことばを完成させなさい。

□(1) ち□ほ□ (まばらで数が少ないようす)
□(2) へ□も□ (うろたえまごつくようす)
□(3) つ□こ□ (うるさく文句を言うようす)
□(4) や□も□ (気をもんでいらいらするようす)
□(5) あ□せ□ (気ぜわしく行うようす)
□(6) し□じ□ (心に深く感じるようす)

**32** 次の各文の(　)にふさわしいことばを後の〔　〕の中から選び、記号で答えなさい。ただし、ふさわしいことばがない場合は×を書くこと。

□(1) ① あとのランナーに大きく水を(　)

② 友の鼻を（　）

（A あける　B あく　C あかす）

□(2) ①（　）で気持ちよく引き受ける

② 手紙よりも（　）の方が良い

③ 頼(たの)んでも（　）ばかりしている

（A 生返事　B 二つ返事）

□(3) ① 人生を旅に（　）

② 胸を（　）

③ 他人に罪を（　）

（A なりすます　B なでおろす　C なぞらえる
D なでつける　E なすりつける　F ながらえる）

**33** **①〜④の――線部分のことばと同じ意味を表すことばを、語群の㋐〜㋔の中からそれぞれ選びなさい。①〜④についてそれぞれにあてはまることばを選ぶと、語群に一つだけことばが残ります。そのことばの記号を答えなさい。**

□(1)
① おもちゃを買ってと何度も何度も子どもにせがまれた。
② 先生に指名され、彼はゆっくりと口を開いた。
③ そっけなく彼のさそいを断るわけにはいかない。
④ そんなにがんこにならずに、受け取ってくれ！

| ㋐ かたくなに | ㋑ しきりに | ㋒ むげに |
|---|---|---|
| ㋓ おごそかに | ㋔ おもむろに | |

□(2)
① 電車の中で、さわいでいる子どもをしかる。
② 相手の様子を見てびくびくすると、負けるぞ！
③ 彼女(かのじょ)の立場を思いやると、わたしも何だかつらい。
④ 不正に対して怒(いか)りをおさえられないのももっともだ。

| ㋐ さっする | ㋑ たじろぐ | ㋒ いきどおる |
|---|---|---|
| ㋓ そらんじる | ㋔ たしなめる | |

□(3)
① 面倒(めんどう)な人間関係になやまされている。
② 何だか気がひける気持ちでいっぱいだ。
③ あの男は思ったよりも、手ごわい人だ。
④ 女の子は少しはずかしがった表情をわたしに見せた。

| ㋐ はにかんだ | ㋑ 後ろめたい | ㋒ したたかな |
|---|---|---|
| ㋓ わずらわしい | ㋔ あさましい | |

# 07 語句・知識

# 六書・部首・筆順・画数

チャレンジ問題は本文96ページ～

漢字を自分のものにするときには、漢字が持つ意味や漢字の形をとらえる。

特に漢字の形をとらえるときに、漢字の成り立ち（六書）や、漢字の中の部分（部首）に着目する方法や、どのような順番で書くのか（筆順、画数）に着目する方法がある。

形をそのまま覚えて自分のものにできる漢字もあるだろう。しかし、複雑な形をしている漢字の形はとらえにくいので、自分のものにしにくい。漢字を自分のものにするときの工夫の一つとして、六書、部首、筆順、画数を使ってみるとよいだろう。

## ★漢字の成り立ちや部首を覚えよう

(1) 漢字の成り立ち（六書）

**①象形文字・②指事文字・③会意文字・④形声文字**

他に「転注文字」「仮借文字」がある。転注は、たとえば「楽」のもとの意味は音楽だったのが、音楽を楽しむのが転じて「楽しむ」の意味に使われるようになった。仮借は、いわゆる「あて字」のことで、亜米利加（アメリカ）や仏陀（ぶつだ）などは、こういった文字の仲間である。

(2) 部首

漢字の基本の部分を部首という。漢字は、大多数がいくつかの部分が組み合わさったものである。部首は、その部分の位置から次の七種類に大きく分かれる。

●左右にあって、一個の字をつくるもの。

…左は　へん（偏）

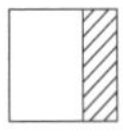
…右は　つくり（旁）

●上下にあって、一個の字をつくるもの。

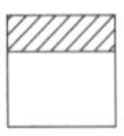
…上は　かんむり（冠）

…下は　あし（脚）

●一部をかこみ、一個の字をつくるもの。

…上から左　たれ（垂）

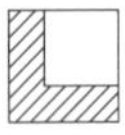
…左から下　にょう（繞）

●まわりをかこみ、一個の字をつくるもの。

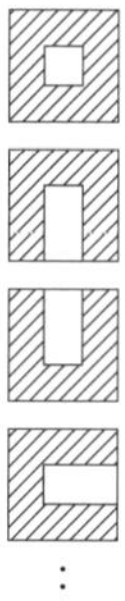

……かまえ(構)

〈象形文字〉……ものの形をかたどったもの

↓川（川が流れる様子）

↓火（火がもえる様子）

↓立（人が地面に立つ様子）

↓山

↓犬

↓口

〈指事文字〉……点や線でさし示したもの

↓本（木の根元を示す）

↓末（木のこずえを示す）

↓中

↓上

↓下

〈会意文字〉……意味を合わせてつくったもの

木＋木↓林（似たものに森）

火＋火↓炎（もえあがる火、ほのお）

人＋犬↓伏（犬が人のそばにふせる、ふせる）

鳥＋口↓鳴（鳥などのけもののなき声、なく）

日＋雲↓曇（雲の上にお日様がある、くもり）

〈形声文字〉……一方が音、他方が意味を表したもの

心（意味）＋亜《ア》（音）↓悪（悪心・悪人）

心（意味）＋生《セイ》（音）↓性（性格・性質）

口（意味）＋門《モン》（音）↓問（問う・質問）

目（意味）＋民《ミン》（音）↓眠（眠る・睡眠）

日（意味）＋京《ケイ》（音）↓景（景色・風景）

石（意味）＋包《ホウ》（音）↓砲（砲丸投げ・大砲）

| 種類 | 部首 | 名称 |
|---|---|---|
| 偏 | 人(亻) | にんべん |
| 偏 | 女 | おんなへん |
| 偏 | 弓 | ゆみへん |
| 偏 | 手(扌) | てへん |
| 偏 | 木(木) | きへん |
| 偏 | 火 | ひへん |
| 偏 | 牙 | きばへん |
| 偏 | 田 | たへん |
| 偏 | 石 | いしへん |
| 偏 | 米 | こめへん |
| 偏 | 耳 | みみへん |
| 偏 | 衣(衤) | ころもへん |
| 偏 | 豆 | まめへん |
| 偏 | 足 | あしへん |
| 偏 | 里 | さとへん |
| 偏 | 食 | しょくへん |
| 偏 | 鳥 | とりへん |
| 偏 | 冫 | にすい |
| 偏 | 子 | こへん |
| 偏 | 彳 | 行《ぎょう》にんべん |
| 偏 | 方 | かたへん |
| 偏 | 止 | とめへん |
| 偏 | 灬 | 連火《れんが》・烈火《れっか》 |
| 偏 | 牛(牜) | うしへん |
| 偏 | 目 | めへん |
| 偏 | 示(礻) | しめすへん |
| 偏 | 糸 | いとへん |
| 偏 | 肉(月) | にく にくづき |
| 偏 | 角 | つのへん |
| 偏 | 豕 | いのこへん |
| 偏 | 身 | みへん |
| 偏 | 金 | かねへん |
| 偏 | 馬 | うまへん |
| 偏 | 歯 | はへん |
| 偏 | 口 | くちへん |
| 偏 | 山 | やまへん |
| 偏 | 心(⺗) | したごころ |
| 偏 | 日 | ひへん、にちへん |
| 偏 | 歹 | がつへん |
| 偏 | 爿 | 将《しょう》へん |
| 偏 | 犬(犭) | いぬ、けものへん |
| 偏 | 矛 | ほこへん |
| 偏 | 禾 | ノ木《ぎ》へん |
| 偏 | 羊 | ひつじへん |
| 偏 | 舟 | ふねへん |
| 偏 | 言 | ごんべん |
| 偏 | 豸 | むじなへん |
| 偏 | 車 | くるまへん |
| 偏 | 阜(阝) | 小里《こざと》へん |
| 偏 | 骨 | ほねへん |
| 偏 | 土 | つちへん |
| 偏 | 巾 | はばへん |
| 偏 | 忄 | りっしんべん |
| 偏 | 月 | つきへん にくづき |
| 偏 | 水(氵) | したみず さんずい |
| 偏 | 片 | かたへん |
| 偏 | 玉(王) | たまへん |
| 偏 | 矢 | やへん |
| 偏 | 立 | たつへん |
| 偏 | 耒 | すきへん らいすき |
| 偏 | 虫 | むしへん |
| 偏 | 谷 | たにへん |
| 偏 | 貝 | 小貝《こがい》・かいへん |
| 偏 | 采 | のごめへん |
| 偏 | 革 | かわへん つくりがわ |
| 偏 | 魚 | うおへん |
| 旁 | 刀(刂) | かたな |
| 旁 | 斗 | とます |
| 旁 | 殳 | ほこづくり るまた |
| 旁 | 酉 | こよみのとり ひよみのとり |
| 旁 | 彡 | さんづくり |
| 旁 | 斤 | おのつくり |
| 旁 | 皮 | けがわ |
| 旁 | 隹 | ふるとり |
| 旁 | 卩(㔾) | 節《ふし》づくり |
| 旁 | 曰 | ひらび |
| 旁 | 聿 | 筆《ふで》つくり |
| 旁 | 韋 | なめしがわ |
| 旁 | 戈 | ほこづくり |
| 旁 | 欠 | あくび |
| 旁 | 邑(阝) | おおざと |
| 旁 | 頁 | おおがい |
| 冠 | 亠 | なべぶた |
| 冠 | 宀 | うかんむり |
| 冠 | 爪(⺥) | つめがしら つめかんむり |
| 冠 | 罒 | あみがしら |
| 冠 | 雨 | あめかんむり |
| 冠 | 入 | いりがしら |
| 冠 | 尸 | しかばね |
| 冠 | 癶 | はつがしら |
| 冠 | 老 | おいかんむり |
| 冠 | 髟 | かみかんむり かみがしら |
| 冠 | 八 | 八《はち》がしら |
| 冠 | 彑(⺕・彐) | けいがしら |
| 冠 | 穴 | あなかんむり |
| 冠 | 艸(艹) | くさかんむり |
| 冠 | 冖 | ひらかんむり わかんむり |
| 冠 | 戸 | とかんむり とだれ |
| 冠 | 竹 | たけかんむり |
| 冠 | 虍 | とらがしら |
| 垂 | 厂 | 雁《がん》だれ |
| 垂 | 广 | 麻《ま》だれ |
| 垂 | 疒 | 病《やまい》だれ |
| 繞 | 乙 | 乙《おつ》にょう |
| 繞 | 廴 | 延《えん》にょう |
| 繞 | 走 | そうにょう |
| 繞 | 儿 | 人《にん》にょう |
| 繞 | 支 | 支《し》にょう 枝にょう |
| 繞 | 之(辶) | しんにょう |
| 繞 | 几 | 几《き》にょう |
| 繞 | 攴(攵) | 攴《ぼく》にょう 攵づくり |
| 繞 | 鬼 | 鬼《き》にょう |
| 繞 | 夂 | すいにょう |
| 繞 | 文 | ぶんにょう |
| 構 | 冂 | けいがまえ |
| 構 | 匸 | かくしがまえ けいがまえ |
| 構 | 凵 | かんがまえ かんにょう |
| 構 | 囗 | くにがまえ |
| 構 | 勹 | 包《つつみ》がまえ |
| 構 | 行 | ゆきがまえ |
| 構 | 匚 | はこがまえ |
| 構 | 門 | 門《もん》がまえ かどがまえ |

**07** 語句・知識

# 六書・部首・筆順・画数

## —チャレンジ問題—

解答は別冊7ページ

**1** 次の説明にあてはまる漢字を書きなさい。

□(1) 「ムチで打つ」という意味の「のぶん」と、「ならう」という意味を表す部分で成り立つ会意文字。「キョウ」という音を持つ。

□(2) 「水」を表す「さんずい」と、「すくない」という意味を表し「ショウ」の音を持つ部分で成り立つ形声文字。

□(3) 「肉」を表す「月」と、わかれて小さな流れになっている意味を表し「ミャク」の音を持つ部分で成り立つ形声文字。

□(4) 草木の芽が出る形に、成長してのびたことを表す「・」をつけて、草がのびる意を表した指事文字。「セイ」という音を持つ。

**2** 次の①～⑤の漢字の成り立ちを説明した文と、その字の古い形を参考にして、それぞれ現在の漢字一字を書きなさい。

〔例〕「人」と「二」の合わさった字で、ふたりの間に起こるいつくしみや思いやりを表している。 

〔答〕仁

□① 「人」と「匕」（人をさかさにした字）とが合わさった字で、人が年老い、その形が変わっていく様子を表している。 

□② ふたりの人が背(せ)を向けているさまで、反対しそむくことを表している。 

□③ 「竹」と「具」が合わさった字で、手にものを持って数を数えることを表している。 

□④ 人が立った形を示す「立」という字を二つ連ねて、となり合うことを表している。 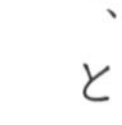

□⑤ 大きく肥えた羊のことで、りっぱな、きれいな、うまいという意味を表している。 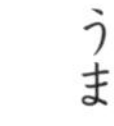

**3** 次の——線部を漢字にすると何画の漢字になりますか。例にならって画数を答えなさい。

〔例〕トリが飛ぶ　〔答〕11画

□(1) ユウ便局

□(2) ゼン悪の判断

□(3) 友人をムカえる　　□(4) カイ道沿いの宿場

□(5) セン伝の方法　　□(6) 正カクに覚える

**4** 次の漢字と「へん」が同じで同音の漢字を一字書きなさい。

〔例〕使（仕）

□(1) 校（　）　□(2) 統（　）　□(3) 徳（　）

**5** 次の漢字と「つくり」が同じで同音の漢字を一字書きなさい。

〔例〕願（顔）

□(1) 精（　）　□(2) 積（　）　□(3) 軽（　）

**6** 後の(1)～(13)には漢字の一部が示してあります。例にならって適当な部首を組み合わせて正しい漢字を書きなさい。

〔例〕主　住(じゅう)所・電柱(ちゅう)・注(ちゅう)意

□(1) 复　□(ふく)習・□(ふく)痛・□(ふく)雑

□(2) 㑒　危□(けん)・□(けん)査・試□(けん)

□(3) 青　□(せい)神・□(せい)流・□(せい)天

□(4) 戠　組□(しき)・□(しょく)業・知□(しき)

□(5) 竟　□(きょう)界線・三面□(きょう)

□(6) 谷　日光□(よく)・風□(ぞく)

□(7) 雈　□(かん)察・□(かん)迎

□(8) 兑　□(ぜい)金・社□(せつ)

□(9) 曽　地□(ぞう)・□(ぞう)加

□(10) 則　□(そく)面・□(そく)量

□(11) 責　成□(せき)・□(せき)雪

□(12) 里　□(り)科・□(うら)表

□(13) 冓　□(こう)堂・□(こう)造

**7** 次の漢字の組み立てのうち、(1)～(5)のそれぞれの漢字はどれにあたりますか、記号を書きなさい。

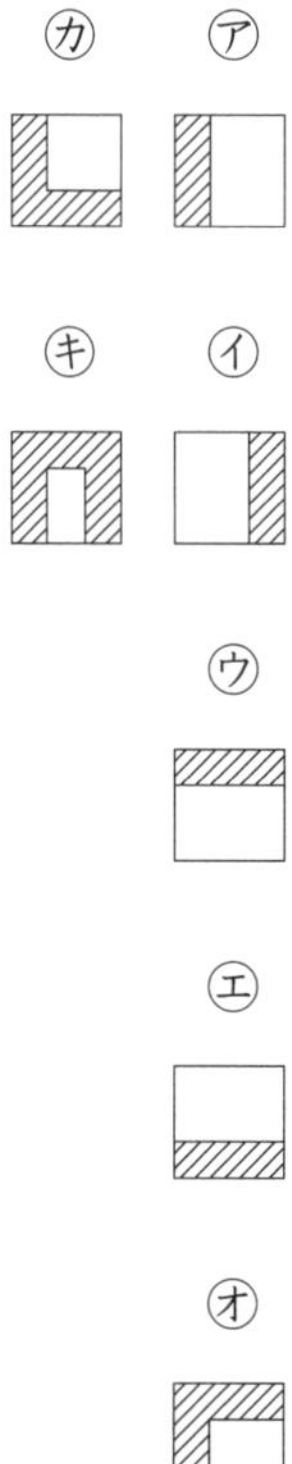


□(1) 包　□(2) 然　□(3) 老　□(4) 勇　□(5) 殺

**8** 次の漢字を正しい筆順で書きたいと思います。三画目まではどう書きますか。例にならって□の中に書きなさい。

〔例〕休　亻

□(1) 辺□　□(2) 糸□　□(3) 式□

□(4) 我□　□(5) 防□

**9** 次の文中の――線の部分はどんな漢字ですか。後の問いに答えなさい。

① つばめはエキ鳥です。
② 先生のヒタイには、しわがある。
③ 二度とアヤマちをおかさない。
④ イチジルしい発展(はってん)をとげた。
⑤ 一心に刀をトぐ。

| | | | | |
|---|---|---|---|---|
| ㋐ 言 | ㋑ 皿 | ㋒ 虫 | ㋓ 殳 | ㋔ 辶 |
| ㋕ 者 | ㋖ 咼 | ㋗ 幵 | ㋘ 呉 | ㋙ 彳 |
| ㋚ 彦 | ㋛ 頁 | ㋜ 艹 | ㋝ 犭 | ㋞ 豆 |
| ㋟ 目 | ㋠ 𦍌 | ㋡ 兴 | ㋢ 石 | ㋣ 客 |

□(1) ――線の部分にあたる漢字を辞書で引く場合には、Ⓐ～Ⓖのどの部分で引けばよいのですか。正しいものを次の中から選び、記号で答えなさい。

Ⓐ へん　Ⓑ つくり　Ⓒ かんむり　Ⓓ あし
Ⓔ にょう　Ⓕ たれ　Ⓖ かまえ

□(2) その部首にあたるものを□の中の㋐～㋣の中から選び、記号で答えなさい。

□(3) また、それと組み合わせるものを同じく㋐～㋣の中から選び、記号で答えなさい。

**10** 次の漢字の矢印で示した画は、筆順として何番目に書けばよいですか。1・2……の番号で答えなさい。

□(1) 服　(　)

□(2) 感　(　)

□(3) 博　(　)

**11** 次の――線のカタカナの部分を漢字で書くとすれば、「へん」は何になりますか。正しいものを選んで、記号で答えなさい。

□(1) 知シキを広める。
□(2) 学校の成セキがあがる。
□(3) 水はエキ体である。
□(4) トク意な科目は国語だ。

| | | |
|---|---|---|
| ㋐ のぎへん | ㋑ にすい | ㋒ いとへん |
| ㋓ ぎょうにんべん | ㋔ ごんべん | ㋕ さんずい |
| ㋖ にんべん | ㋗ うしへん | |

**12** 「花」という字を、ある漢和辞典で調べたところ、「くさかんむり」の部首の四画で出ていました。また「柱」は「きへん」の五画となります。これらの例から考えると、次にあげる字は、何の部首の何画のところに出ていますか。それぞれ部首名と画数を書きなさい。

□(1) 刻　□(2) 園　□(3) 究
□(4) 庭　□(5) 起

**13** 次の漢字の筆順の番号を例にならって書き入れなさい。

〔例〕

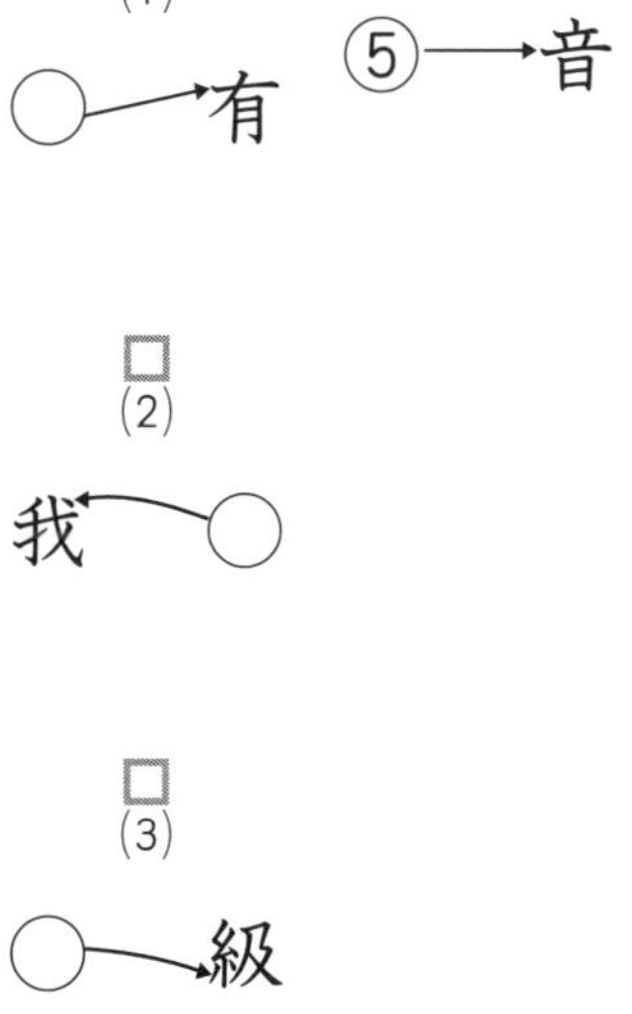

□(1) 有　□(2) 我　□(3) 級

**14** 次の漢字の矢印で示した画は、筆順として何番目に書けばよいですか。1・2…の番号で答えなさい。

□(1) 慣（　）　□(2) 方（　）

**15** 次の(1)～(5)の漢字のグループには、それぞれ共通した部分があります。その部分の持つ意味を、後の語群中から選んで書きなさい。

□(1) 快・情　□(2) 貯・費　□(3) 浅・治　□(4) 腸・脈
□(5) 進・送

【語群】
手　身体　けもの　着もの　道　金属
土地　水　言葉　心　植物　金銭

**16** 筆順は、文字の形と関係があるため、大切です。次の筆順規則にあてはまる漢字をそれぞれ二つずつ左の□から選び、正しい字形で書きなさい。

□(1) つらぬくたて画（たてのぼう）は後に書く。
□(2) 左ばらいを先に書く。
□(3) 中の画を先に書く。
□(4) つらぬく横画（よこのぼう）は後に書く。

衆　庫　有　毎　左　船
楽　道　洋　友　右　性

**17** 次にあげる㋐〜㋛の漢字をよく見たうえで、後の⑴〜⑹の問いに、それぞれ記号で答えなさい。

㋐ 痛　㋑ 点　㋒ 私　㋓ 別　㋔ 家　㋕ 優
㋖ 原　㋗ 雪　㋘ 役　㋙ 探　㋚ 取　㋛ 博

□⑴ 「のぎへん」を使っている漢字を一つ選びなさい。
□⑵ 「やまいだれ」を使っている漢字を一つ選びなさい。
□⑶ 「てへん」を使っている漢字を一つ選びなさい。
□⑷ 「うかんむり」を使っている漢字を一つ選びなさい。
□⑸ 十画でできている漢字を二つ選びなさい。
□⑹ 十二画でできている漢字を二つ選びなさい。

**18** 次の漢字の総画数は、それぞれ何画ですか。数字で書きなさい。

□⑴ 弱　□⑵ 臨　□⑶ 郵
□⑷ 純　□⑸ 貿

**19** 次の⑴〜⑶について答えなさい。

□⑴ 「りっとう」を用いた漢字を一つ書きなさい。
□⑵ 「ころもへん」を用いた漢字と、ほかのもう一つの漢字（「ころもへん」の漢字でなくてよい）を用いて、熟語を一つ作りなさい。
□⑶ 「りっしんべん」を用いた漢字と、「きへん」を用いた漢字を一つずつ用いて、熟語を一つ作りなさい。

**20** 次の⑴、⑵の漢字の矢印の部分は、何画目に書くとよいですか。答えを数字で書きなさい。

□⑴ 

□⑵ 

**21** 次の漢字の筆順の番号を例にならって書き入れなさい。

〔例〕 

□⑴ 

□⑵ 

□⑶ 

**22** 次の漢字の部首名を書きなさい。

□⑴ 通　□⑵ 初　□⑶ 都
□⑷ 街　□⑸ 葉

**23** 次の――線部を漢字に直したときの(1)〜(3)は総画数を、(4)〜(7)は部首を記号で答えなさい。

□(1) じょう発する　□(2) お金にえんのない人生
□(3) げん重な戸じまり　□(4) さい判所
□(5) 社会の習かん　□(6) こく一こくと期限がせまる
□(7) 健こうな人

㋐ くさかんむり　㋑ れんが（れっか）　㋒ ころもへん
㋓ りっとう　㋔ がんだれ　㋕ まだれ
㋖ さんずい　㋗ りっしんべん

**24** 例にならい、次の(1)〜(6)の字に共通してつけられる「へん・つくり・かんむり・あし・かまえ・にょう」などを考え、またそれを何というのかを答えなさい。

〔例〕月・召・寺・青
〔答〕「日・ひへん」〔参考〕明・昭・時・晴

□(1) 央・何・者・楽　□(2) 干・半・貝・倉
□(3) 己・十・司・果　□(4) 大・寸・井・古
□(5) 化・分・加・任　□(6) 占・付・車・廷

**25** 次の漢字の部首名と総画数とを答えなさい。

〔例〕花　〔答〕くさかんむり・7

□(1) 病　□(2) 除　□(3) 話
□(4) 秋　□(5) 進

**26** □次の①〜④のうち、正しい筆順のものはどれですか。一つ選んで、記号で答えなさい。

① 丨 丩 収 収　② 一 丁 丁 可 可
③ 丶 丷 必 必 必　④ 一 ナ 右 右 右

**27** 次の各文の（　）に漢字を一字入れると熟語(じゅくご)が完成します。それぞれにあてはまる漢字の部首を例にならって答えなさい。

〔例〕一時間めは国（　）の試験でした。　〔答〕言・ごんべん

□(1) 運動会は雨のため順（　）となりました。
□(2) 乗り越(こ)したので運賃(うんちん)を（　）算した。
□(3) 話し合いの結果を先生に（　）告した。
□(4) 仕事の能（　）を上げるよう努力した。
□(5) 球場は大（　）声につつまれた。

**28** 次の漢字の筆順の番号を例にならって書き入れなさい。

〔例〕 歩 ⑤

□(1) 希

□(2) 書

**29** 次の(1)～(5)の漢字の太い部分は何画目ですか。数字で答えなさい。

□(1) 何　□(2) 式　□(3) 主

□(4) 飛　□(5) 科

**30** 次の例にしたがって、それぞれの漢字の部首を組み合わせて熟語を作りなさい。

町・努／快・産

〔例〕 ←田　←力　←忄　←生　→〔答〕男性

□(1) 語・旅／開・呼

□(2) 林・省／広・志

□(3) 地・射／祝・坂

**31** 次のそれぞれの矢印の部分は何画目にあたりますか。漢数字で答えなさい。

□(1) 式　□(2) 希　□(3) 歩

□(4) 登　□(5) 書

**32** 漢字に関する、次の(1)～(3)までの問いに答えなさい。

□(1) 次の㋑～㋭までの漢字三字ずつの組み合わせの中から、後の①と②の条件をみたす組み合わせのものを一つずつ選びなさい。

㋑ 問　間　聞

㋺ 在　社　報

㋩ 程　和　税

㋥ 易　昼　暮

㋭ 進　難　集

① 三つの漢字の部首が、すべて同じ組み合わせのもの

② 三つの漢字の部首が、すべて異(こと)なる組み合わせのもの

□(2) 次の漢字の総画数を答えなさい。

臨

□(3) 次の漢字の七画目を、文字の上に明確に書き入れなさい。

秘

**33** 例に示すように、アの「早」「里」に「立」という共通の部首をつけると、それぞれが新たな漢字ができます。イとウも同様にそれぞれに共通の部首をつけると新たな漢字ができます。ア〜ウで用いた三つの部首を組み合わせてできる別の漢字を答えなさい。

〔例〕
ア 早・里……立（章・童）
イ 支・寺・合……扌（技・持・拾）
ウ 台・次・良……女（始・姿・娘）

〔答〕 接

□(1)
ア 交・免・重
イ 不・及・刀
ウ 次・代・分

□(2)
ア 明・成・分
イ 央・寺・青
ウ 毎・主・台

□(3)
ア 分・青・唐
イ 方・正・求
ウ 市・未・子

□(4)
ア 田・北・市
イ 交・免・重
ウ 間・合・由

□(5)
ア 票・反・黄
イ 谷・祭・示
ウ 市・未・子

**34** 次の㋐〜㋓の部首名を後の①〜⑧の中から選び、それぞれ番号で答えなさい。

□㋐ 今
□㋑ 陸
□㋒ 性
□㋓ 建

① なべぶた　② にんべん　③ りっしんべん
④ りっとう　⑤ しんにゅう　⑥ えんにょう
⑦ こざとへん　⑧ おおざとへん

# 08 語句・知識

# 文学史

世の中には、「古典」と呼ばれるものがある。たとえば、絵画、音楽、文学といった、学問・芸術の分野には「古典」と呼ばれるものがある。

「古典」は古い時代に作られたことで歴史的な価値を持つとともに、現代の人々の教養に役立ったり、人々の心を動かしたりする力を持っている。

文学史を学ぶとは、「古典」と呼ばれる文学作品が、いつの時代に、だれが、どのような作品を書いたのかを学ぶことである。文学史を学ぶことで、「古典」に親しむ機会を得ることができる。

「古典」文学には、子どもにとっては難しいものが多い。今は、「古典」と呼ばれる文学作品があるということを知っておこう。そしていつか、「古典」に触れてみよう。

**例題1** 次の作品の作者を下から選びなさい。

- □(1) 星の王子様
- □(2) 老人と海
- □(3) トム・ソーヤの冒険
- □(4) 動物記
- □(5) 赤毛のアン
- □(6) 若草物語
- □(7) アンクル・トムの小屋
- □(8) 昆虫記
- □(9) マッチ売りの少女
- □(10) ヘンゼルとグレーテル

- ㋐ グリム
- ㋑ アンデルセン
- ㋒ ストウ夫人
- ㋓ オルコット
- ㋔ シートン
- ㋕ サン・テグジュペリ
- ㋖ ルーシー・モンゴメリ
- ㋗ アンリ・ファーブル
- ㋘ ヘミングウェイ
- ㋙ マーク・トウェイン

**解答**

(1) ㋕ (2) ㋘ (3) ㋙ (4) ㋔ (5) ㋖
(6) ㋓ (7) ㋒ (8) ㋗ (9) ㋑ (10) ㋐

チャレンジ問題は本文106ページ～

**例題2** 時代と結びつけて答えなさい。（○には文字一字で、作者名は下から選んで入れなさい。）

| 時代 | 文学作品 | 作者 | 分野 | 選択肢 |
|---|---|---|---|---|
| 奈良（上代） | 古事記 | （ 1 ）編 | 神話・伝説 | ㋐大伴家持 ㋑太安万侶 |
| | A○○○○ | 舎人親王ら | 歴史書 | |
| | 万葉集 | （ 2 ）編 | 歌集 | |
| 平安（中古） | B○○物語 | 作者不明 | 物語 | ㋐紀貫之 ㋑紫式部 |
| | 古今和歌集 | 紀貫之ら | 歌集 | |
| | C○○日記 | （ 3 ） | 日記 | |
| | D○○○ | 清少納言 | 随筆 | |
| | 源氏物語 | （ 4 ） | 物語 | |
| | 今昔物語 | 作者不明 | 説話集 | |
| 鎌倉（中世） | E新○○和歌集 | 藤原定家ら | 歌集 | ㋐吉田兼好 ㋑鴨長明 |
| | 方丈記 | （ 5 ） | 随筆 | |
| | F○○物語 | 作者不明 | 軍記物語 | |
| | 徒然草 | （ 6 ） | 随筆 | |
| 江戸（近世） | 奥の細道 | （ 7 ） | 紀行文 | ㋐滝沢馬琴 ㋑松尾芭蕉 ㋒井原西鶴 |
| | 日本永代蔵 | 井原西鶴 | 浮世草子 | |
| | 世間胸算用 | （ 8 ） | 浮世草子 | |
| | 国性爺合戦 | 近松門左衛門 | 浄瑠璃 | |
| | 東海道中膝栗毛 | 十返舎一九 | 滑稽本 | |
| | 南総里見八犬伝 | （ 9 ） | 物語 | |
| | G○○○春 | 小林一茶 | 俳文集 | |

| 時代 | 文学作品 | 作者 | 分野 | 選択肢 |
|---|---|---|---|---|
| 明治 大正（近代） | 舞姫 | （ 10 ） | 小説 | ㋐夏目漱石 ㋑森鷗外 ㋒芥川龍之介 ㋓斎藤茂吉 ㋔川端康成 ㋕志賀直哉 ㋖樋口一葉 |
| | たけくらべ | （ 11 ） | 小説 | |
| | 若菜集 | 島崎藤村 | 詩集 | |
| | みだれ髪 | 与謝野晶子 | 歌集 | |
| | 吾輩は猫である | （ 12 ） | 小説 | |
| | 坊っちゃん | （ 13 ） | 小説 | |
| | 一握の砂 | 石川啄木 | 歌集 | |
| | 赤光 | （ 14 ） | 歌集 | |
| | 鼻 | （ 15 ） | 小説 | |
| | 道程 | 高村光太郎 | 詩集 | |
| | 山椒大夫 | （ 16 ） | 小説 | |
| | くもの糸 | （ 17 ） | 小説 | |
| | 小さき者へ | 有島武郎 | 小説 | |
| | 小僧の神様 | （ 18 ） | 小説 | |
| | 暗夜行路 | 志賀直哉 | 小説 | |
| | トロッコ | （ 19 ） | 小説 | |
| | 伊豆の踊子 | （ 20 ） | 小説 | |

**解答**

（奈良）A㊐㊍㊚㊋ 1㋑／2㋐

（平安）B竹取物語／C土佐日記／D枕草子 3㋐／4㋑

（鎌倉）E新古今和歌集／F平家物語 5㋑／6㋐

（江戸）Gおらが春 7㋑／8㋒／9㋐

（明治・大正）10㋑／11㋖／12㋐／13㋐／14㋓／15㋒／16㋑／17㋒／18㋕／19㋒／20㋔

# 08 語句・知識

# 文学史

## —チャレンジ問題—

解答は別冊8ページ

**1** 次の作家の作品を後から選び、記号で答えなさい。

□(1) シェークスピア　□(2) モンゴメリ
□(3) ヴィクトル・ユーゴー　□(4) アルフォンス・ドーデ
□(5) マーク・トウェイン

㋐ 最後の授業　㋑ ああ、無情
㋒ 赤毛のアン　㋓ トム・ソーヤの冒険
㋔ ヴェニスの商人

**2** 次のことがらに関係のある本を書いた人の名を、後の㋐〜㋖の中から選び、記号で答えなさい。

□(1) 第二次世界大戦の時、不安と恐怖（きょうふ）の連続する隠（かく）れ家の中で日記を書き続けたユダヤ人の少女がいた。
□(2) 農民とともに苦しい生活をしながら、「雨ニモ負ケズ」「銀河鉄道の夜」「グスコーブドリの伝記」等の名作を書いた。
□(3) いや、その銀の燭台（しょくだい）はこの人にあげたのです。さあ、これを持って行きなさい。
□(4) 台所で書いたというこの小説が、アメリカ南北戦争のきっかけになった。
□(5) 仙人（せんにん）になるためには、どんなことがあっても口を開いてはいけないと言われたのだが……。

㋐ 有島武郎（ありしまたけお）　㋑ アンリ・デュナン
㋒ 芥川龍之介（あくたがわりゅうのすけ）　㋓ 宮沢賢治（みやざわけんじ）
㋔ ストウ夫人　㋕ ヴィクトル・ユーゴー
㋖ アンネ・フランク

**3** 次の作品の作者を後から選び、記号で答えなさい。

□(1) 青い鳥　□(2) オツベルと象　□(3) 雨月物語（うげつ）
□(4) ガリバー旅行記　□(5) 坊（ぼ）っちゃん

㋐ メーテルリンク　㋑ 森鷗外（もりおうがい）　㋒ 夏目漱石（なつめそうせき）
㋓ 上田秋成（うえだあきなり）　㋔ 小泉八雲（こいずみやくも）　㋕ トルストイ
㋖ 宮沢賢治　㋗ スウィフト　㋘ 芥川龍之介

**4** 次のA群の作品はそれぞれB群のどの作者によって書かれたものか、記号で答えなさい。

【A群】
□㋐ 赤毛のアン　□㋑ 天平の甍
□㋒ 次郎物語　□㋓ ガリバー旅行記
□㋔ 風の又三郎

【B群】
A 川端康成　B 井上靖
C モンゴメリ　D イプセン
E 阿部次郎　F 宮沢賢治
G 下村湖人　H サン・テグジュペリ
I 芥川龍之介　J スウィフト

**5** 次のA群の各組み合わせのうちから、それぞれ一つだけちがうものを選び、記号で答えなさい。また、ほかの三つに共通することをB群から選び、番号で答えなさい。

【A群】
□(1) ㋐ 風の又三郎　㋑ 一房のぶどう
㋒ 銀河鉄道の夜　㋓ セロひきのゴーシュ
□(2) ㋐ 竹取物語　㋑ 今昔物語集
㋒ 平家物語　㋓ 源氏物語
□(3) ㋐ 真実一路　㋑ 若菜集
㋒ 道程　㋓ 智恵子抄
□(4) ㋐ 坊っちゃん　㋑ 三四郎
㋒ 吾輩は猫である　㋓ 山椒大夫
□(5) ㋐ トロッコ　㋑ しろばんば
㋒ 杜子春　㋓ くもの糸

【B群】
① 平安時代の作品　② 江戸時代の作品　③ 歌集
④ 詩集　⑤ 有島武郎　⑥ 芥川龍之介
⑦ 夏目漱石　⑧ 井上靖　⑨ 森鷗外
⑩ 宮沢賢治

**6** 次の(1)～(6)の部分に、適当な語を書きなさい。

| 作品 | 作者（編者） | 種別 | 時代 |
|---|---|---|---|
| 徒然草 | □(1) | 随筆 | 鎌倉 |
| □(2) | 大伴家持 | 歌集 | □(3) |
| □(4) | 松尾芭蕉 | 紀行文 | 江戸 |
| 枕草子 | 清少納言 | □(5) | □(6) |

**7** 次の作品の作者名を後から選び、記号で答えなさい。

□(1) 風の又三郎　□(2) 杜子春　□(3) 坊っちゃん

□(4) 二十四の瞳　□(5) 伊豆の踊子

㋐ 芥川龍之介　㋑ 川端康成　㋒ 壺井栄

㋓ 宮沢賢治　㋔ 夏目漱石

**8** 次の(1)～(4)は、それぞれある作品の最初の部分です。表のA～Dの部分に作品名または作者名を、後にあげたものの中から選び、記号で答えなさい。

□(1) オツベルときたらたいしたもんだ。稲こき機械の六台もすえつけて、のんのんのんのんのんのんと、おおそろしない音をたててやっている。

□(2) 小田原・熱海間に軽便鉄道敷設の工事が始まったのは、良平の八つの年だった。良平は、毎日村外れへ、その工事を見物に行った。工事を――といったところが、ただトロッコで土を運搬する――それがおもしろさに、見にいったものである。

□(3) 親ゆずりの無鉄砲で子供のときから損ばかりしている。小学校にいる時分、学校の二階から飛び降りて、一週間ほど腰を抜かしたことがある。

□(4) 東海の小島の磯の白砂に
われ泣きぬれて
蟹とたはむる

| | (1) | (2) | (3) | (4) |
|---|---|---|---|---|
| 作品名 | オツベルと象 | トロッコ | C | 一握の砂 |
| 作者名 | A | B | 夏目漱石 | D |

【作品名】㋐ 銀河鉄道の夜　㋑ 二十四の瞳　㋒ 坊っちゃん　㋓ たけくらべ　㋔ 赤毛のアン

【作者名】㋐ 小川未明　㋑ 芥川龍之介　㋒ 宮沢賢治　㋓ 川端康成　㋔ 石川啄木　㋕ マーク・トウェイン

**9** 次の作品に関して、後の問いに答えなさい。

㋐「坊っちゃん」（夏目漱石）

㋑「竹取物語」（作者不明）

㋒「万　葉　集」（大伴家持）

㋓「源氏物語」（　㋓　）

㋔「トロッコ」（　㋔　）

□(1) これらの作品を時代の古い順に並べ、記号で答えなさい。

□(2) ㋓、㋔の作者名を書きなさい。（ひらがなでもよい。）

□(3) ㋐～㋔のうち、一つだけ文学として種類のちがうものがあります。記号で書きなさい。

**10** 次の作家の作品ではないものが一つずつあります。記号で答えなさい。

□(1) 芥川龍之介 ㋐ 杜子春 ㋑ くもの糸 ㋒ 伊豆の踊子 ㋓ 鼻

□(2) 宮沢賢治 ㋐ 風の又三郎 ㋑ トロッコ ㋒ 注文の多い料理店 ㋓ 銀河鉄道の夜

□(3) 夏目漱石 ㋐ 走れメロス ㋑ 坊っちゃん ㋒ 吾輩は猫である ㋓ 三四郎

**11** 次のそれぞれの作品に関係のあるものを、A群、B群より一つずつ選び、記号で答えなさい。

□(1) 古事記 □(2) 東海道中膝栗毛 □(3) 源氏物語 □(4) 平家物語

【A群】（㋐ 長編小説 ㋑ 歴史物語 ㋒ 戦記物語 ㋓ こっけい小説 ㋔ 紀行文）

【B群】（㋕ 奈良時代 ㋖ 平安時代 ㋗ 鎌倉時代 ㋘ 江戸時代 ㋙ 明治時代）

**12** 次の(1)～(5)の説明文にあてはまる人物を、例にならって全部ひらがなで書きなさい。

〔例〕 平安時代に「源氏物語」を書いた女流作家。 〔答〕 むらさきしきぶ

□(1) 古今和歌集の選者の一人で、かな文字で書かれた最初の日記、「土佐日記」の作者。

□(2) 江戸時代の俳人で、生活体験を主とした句と文章を集めた俳文集「おらが春」の作者。

□(3) 安寿と厨子王の苦労を通して人間愛をえがいた小説、「山椒大夫」の作者。

□(4) ふるさとへの思いや生活苦、病床苦(びょうしょうく)などをうたった歌集、「一握の砂」の作者。

□(5) 東京の下町の少女の心理をえがいた小説、「たけくらべ」の作者。

**13** 次の(1)～(3)の作者の作品を、後の㋐～㋕の中から一つずつ選び、記号で答えなさい。

□(1) 夏目漱石

□(2) 井上靖

□(3) 新美南吉(にいみなんきち)

㋐ 屋根の上のサワン　㋑ しろばんば

㋒ 銀河鉄道の夜　㋓ ごんぎつね

㋔ トロッコ　㋕ 吾輩は猫である

**14** 次の(1)～(5)までの各文の［　］部分①～⑩に入る語句や人名は何ですか。後の㋐～㋞までの中からそれぞれ適当と思うものを選び、その記号で答えなさい。

□(1) ［①］はインド・中国・日本の［②］が一千編以上も集められています。また「今は昔……」という書き出しで有名です。

□(2) ［③］は若い女の先生が瀬戸内海(せとないかい)の小豆島(しょうどしま)の小学校ではじめて受け持った十二人の一年生の成長を描(えが)いた［④］です。

□(3) ［⑤］は、「銀河鉄道の夜」や「風の又三郎」などの［⑥］を書きましたが、詩人としても「雨ニモマケズ」という作品を残しています。

□(4) 「一握の砂」は［⑦］の作品で、日常生活の中の感動をわかりやすいことばで自由に表現した［⑧］です。

□(5) 「枕草子」は［⑨］の書いた［⑩］で作者の宮廷(きゅうてい)での生活を中心とする思い出や感想が書かれています。

| | | |
|---|---|---|
| ㋐ 小説 | ㋑ 童話 | ㋒ 歌集 |
| ㋓ 随筆 | ㋔ 説話 | ㋕ 古事記 |
| ㋖ 今昔物語集 | ㋗ 平家物語 | ㋘ 山の音 |
| ㋙ 二十四の瞳 | ㋚ 紫式部(むらさきしきぶ) | ㋛ 清少納言 |
| ㋜ 夏目漱石 | ㋝ 石川啄木 | ㋞ 宮沢賢治 |

# 文法

# 09 文法

# 主語・述語・修飾語

自分の考えを整理する、自分の考えや感情を人に伝える、相手の考えや感情を受け取る。このような目的があるときに、わたしたちは文を使うことが多い。

文はことばどうしのつながりからできている。ことばどうしのつながりをつくることで、自分にも相手にもわかる文をつくることができる。ことばどうしのつながりをとらえることで、相手の伝えたいことを受け取ることができる。

## 1 文と文節

文章の中には、「。」（句点）が使われる。その句点が切れ目になっている。この切れ目ごとの一続きのことばを「文」という。

一つの文を意味がわかる程度に分けたものが「文節」である。

「大きな鳥が空を飛ぶ。」という文で考えると、「大きな」「鳥が」「空を」「飛ぶ」と四つの文節に分けられる。「ネ・サ・ヨ」を入れてみると文節に区切りやすくなる。

## 2 主語―述語の関係をとらえよう

(1) 主語―述語の基本型

なにが（だれが）―
- A どうする（動詞型）
- B どんなだ（形容詞・形容動詞型）
- C なんだ（名詞型）

(2) 主語―述語の関係

Ⅰ　Ⅱ　Ⅲ　Ⅳ

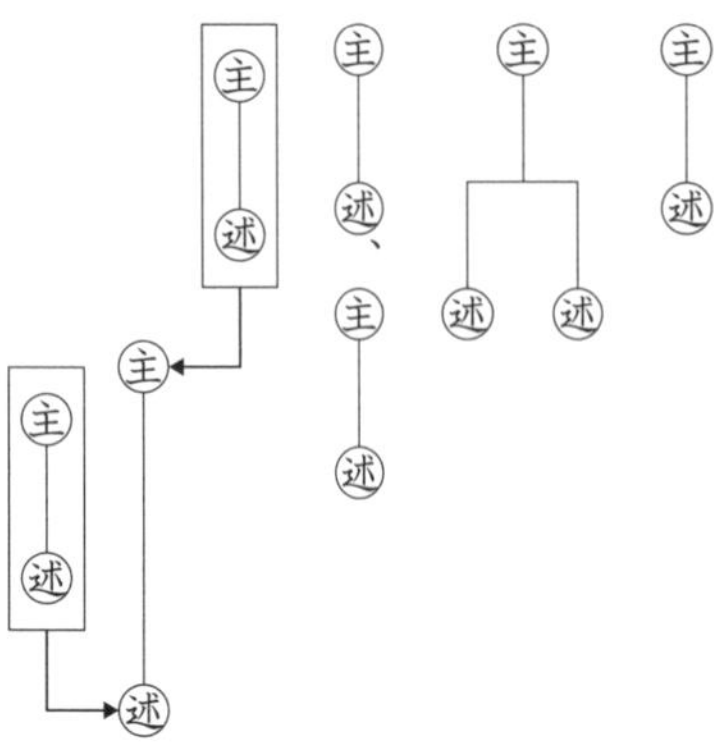


※ Ⅰ・Ⅱを**単文**、Ⅲを**重文**、Ⅳを**複文**という。

チャレンジ問題は本文116ページ～

(3) 主語―述語の関係を見つけるときに、次の点に注意する。

① 主語―述語の関係がはっきりしない場合、述語から探してみる。

② 倒置法に注意する。

③ 主語につく語は「が・は」のほかに、「も・こそ・さえ・の・だけ」などがある。

## 3 修飾語―被修飾語の関係をとらえよう

(1) 修飾語―被修飾語の型

| | 〈修飾語〉 | 〈被修飾語〉 |
|---|---|---|
| A | どんな<br>なんの | なんだ |
| B | どんなに<br>なんで<br>なにを<br>いつ<br>どこへ | どうする<br>どんなだ<br>なんだ |

※ Aのような修飾語を「連体修飾語」、Bのような修飾語を「連用修飾語」という。

(2) 修飾語の真下に被修飾語がない場合、ことばどうしのつながりを確かめる。「文図」を書いてみるとよい。

## 4 文図を書けるようにしよう

「母が作ってくれたおかしは、とてもおいしい。」を文図に表すと、次のようになる。

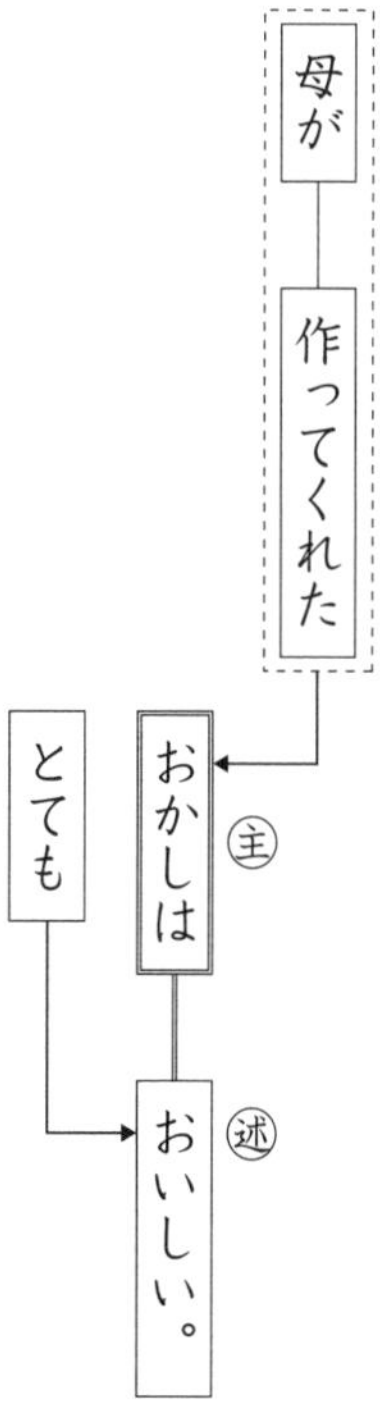

主
母が
述
作ってくれた
主
おかしは
とても
述
おいしい。

**例題1** 後の(1)~(5)の文の組み立ては、㋐~㋒のどれにあたりますか。記号で答えなさい。

□(1) これはチョークだ。

□(2) すずしい風が吹いた。

□(3) 川は長いな。

□(4) あれが有名な富士山です。

□(5) 高い山を越えて、一行はやってきました。

㋐ 何が　どうする

㋑ 何が　どんなだ

㋒ 何が　何だ

**解答** (1) ㋒ (2) ㋐ (3) ㋑ (4) ㋒ (5) ㋐

**例題2** 次の文中に、主語・述語の関係が三つあります。それぞれ主語・述語をぬき出しなさい。

□ 父が　はじめて　この　寺へ　来た　ときは　この　寺が　まだ　辻堂(つじどう)のように　小さかった　ことや　夜　よく　かわうそが　うしろの　川で　魚を　とりそこなって　夜中に　水音を　立てた　という　ことなどを　聞いた。

**解答** 父が—来た　寺が—小さかった　かわうそが—とりそこなって、立てた

**例題3** (1)～(5)の文は、A～Dのどの型にあてはまりますか。記号で答えなさい。

A　わたしは父に手紙を書いた。

B　氷原は白くつづき、オーロラはかがやく。

C　海は広くて深い。

D　観測隊が写した写真がある。

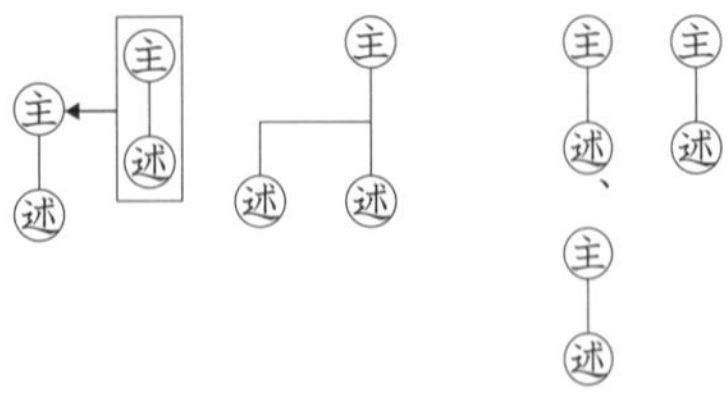


□ (1) 山には、ドングリも落ちれば、ヒヨドリの声に、落ち葉も降(ふ)る。

□ (2) 二階のえんがわのガラス戸のすぐ前に、大きなクスの木が、空いっぱいに枝をひろげている。

□ (3) 父が、たん生日に東京から送ってくれた万年筆は、とても書きよい。

□ (4) 黄菊(きぎく)は、美しいし、それにとてもいいにおいだ。

□ (5) 彼(かれ)が目を覚ました時は、もう九時だった。

**解答** (1) B (2) A (3) D (4) C (5) D

**例題4** 次の〰〰線部は、それぞれどのことばにかかっていますか。そのことばに——線を引きなさい。

□ (1) 雪が降ると、かならずわたしが、おとなにしかられながらやったいたずらがあった。

□ (2) ただ母や姉たちは、わたしたちの着物をぬがせながら、ふざけたことをしなかったから、記憶(きおく)に残らなかったのだろう。

□ (3) とうとうおへそまでとられる段(だん)になって、わたしはきゃあきゃあさけびながら、はだかで縁側(えんがわ)を走りぬけ、便所のわきのぬれ縁をわたって、その先の湯どのにとびこむのだった。

□ (4) わたしは母といると、よく母に気づかれないようにそっと母

のうしろにまわり、母のおしりを見た。

□(5) ようやく新聞の切れはしであることが確認（かくにん）できるに過ぎない、小さな紙っきれだった。

□(6) きっと二十年目に、仙人（せんにん）になる術を教えてやるから。

□(7) 彼は容易に、そして満足して眠（ねむ）ったが、わが身に起こったためざましいことが、頭にこびりついていた。

**解答**

(1) やった　(2) しなかったから　(3) なって
(4) まわり　(5) 確認できる　(6) 教えてやるから
(7) 眠ったが

**例題5** 次の文の文図を完成させなさい。□には記号を入れて答えなさい。

㋐あたまに　㋑かぶった　㋒手ぬぐいを　㋓くびの　㋔うしろで
㋕ぎゅっと　㋖むすんだ　㋗堂本（どうもと）さんは　㋘いろんな　㋙荷物に
㋚いちいち　㋛はたきを　㋜かけて　㋝リンゴ箱に　㋞つめました。

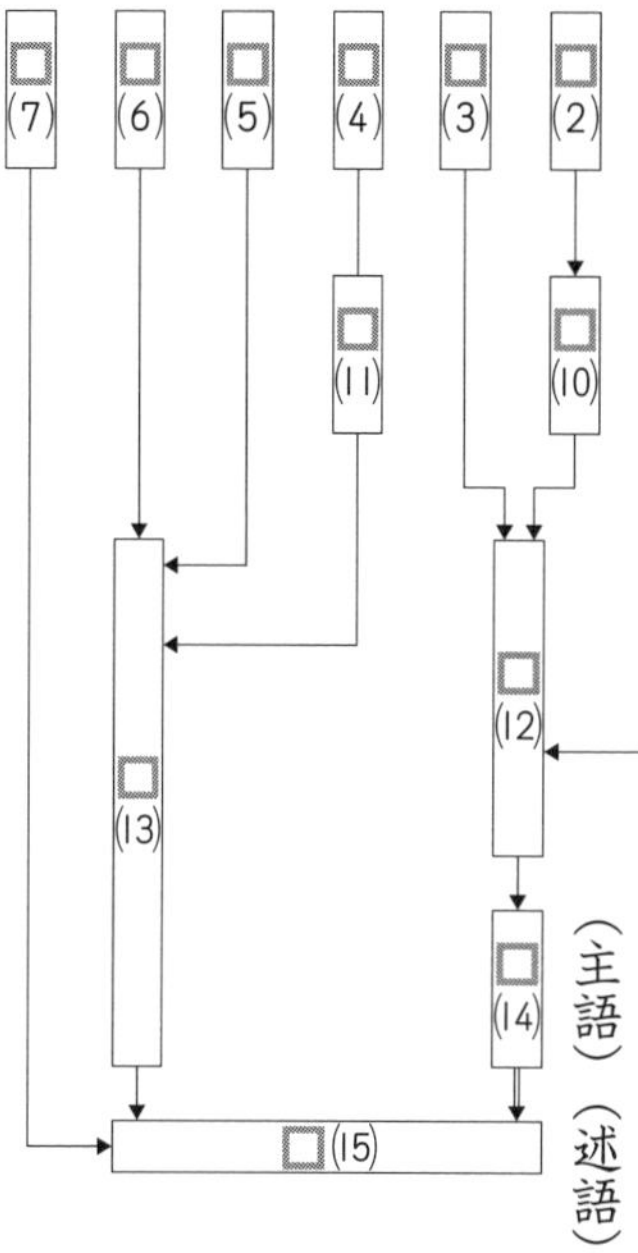


**解答**

(1) ㋐　(2) ㋓　(3) ㋕　(4) ㋘　(5) ㋚または㋛
(6) ㋛または㋚　(7) ㋝　(8) ㋑　(9) ㋒　(10) ㋔
(11) ㋙　(12) ㋖　(13) ㋜　(14) ㋗　(15) ㋞

# 09 文法

# 主語・述語・修飾語

## ―チャレンジ問題―

解答は別冊9ページ

**1** 次の══線部のことばは、どのことばにかかりますか。正しいものを選んで、記号で答えなさい。

□(1) おそらく ㋐明日は ㋑晴れるだろう。

□(2) カラカラと ㋐音を ㋑立てて ㋒風車が ㋓まわる。

□(3) ㋐その ㋑会場は あざやかな ㋒色で ㋓あふれていた。

□(4) 白い ㋐大きな ㋑水鳥が ㋒泳いでいる。

□(5) ㋐列車は 三時に ㋑駅に ㋒着くそうだ。

**2** 次の══線部のことばは、下のどの部分につながりますか。記号で答えなさい。

〔例〕 わたしの ㋐小さな ㋑妹が ㋒遊んでいる。 〔答〕 ㋑

□(1) 今日の ㋐おやつは ㋑わたしの ㋒大好きな ㋓ケーキだ。

□(2) へやに ㋐本箱を ㋑入れると ㋒せまく ㋓感じる。

□(3) 妹の ㋐きれいに ㋑かたづけられた ㋒部屋に ㋓入る。

□(4) 花も ㋐今日の ㋑雨で ㋒しっとりと ㋓ぬれている。

**3** 次の□のことばは、――線部のどのことばをくわしく表していますか（修飾（しゅうしょく）していますか）。記号で答えなさい。

□(1) ㋐木には ㋑たくさん [赤い] ㋒実が ㋓ついている。

□(2) [小さな] ㋐失敗は ㋑だれでも ㋒したことが ㋓あるだろう。

□(3) [ひらひらと] ㋐きれいな ㋑花びらが ㋒庭に ㋓散っている。

**4** 次の文の中から、主語と述語を一組ずつ選び、記号で答えなさい。

□(1) ㋐地球には ㋑おおぜいの ㋒人間が ㋓住んでいる。

□(2) ㋐むずかしくて ㋑とても ㋒出来ません ㋓わたしには。

**5** 次の□で囲んだ部分は、どこにかかりますか。記号で答えなさい。

□(1) ㋐鳥が ㋑高い [空を] ㋒すいすいと ㋓飛んでいる。

□(2) ㋐わたしは [今でも] ㋑その ㋒ころの ㋓楽しかった ㋔ことを ㋕ときどき ㋖思い出す。

□(3) 石けんで(ア) 作られた 人形に(イ) やがて(ウ) くりくりした(エ) 眼が(オ) つけられた(カ)。

**6** ══線部Aの述語、══線部Bが修飾する（＝かかる）ことば、══線部Cの主語を、それぞれ一つずつ選び、記号で答えなさい。

□(1) あなたが(A) 連らくを(ア) してくれないから(イ) みんな(ウ) おこって(エ) 家に(オ) 帰ってしまったわよ(カ)。

□(2) 遠い(B) 海の(キ) むこうの(ク) 国から(ケ) 来た(コ) フローネも(サ) 今日は(シ) 私達と(ス) いっしょに(セ) 動物園へ(ソ) 行きます(C)。

**7** 文の組み立ては、例のように表すことができます。次の(1)～(5)の文の組み立ては、後の㋐～㋔の図のどれがあてはまりますか。記号で答えなさい。

「大つぶの雨がたたきつけるように降(ふ)っている。」

〔例〕

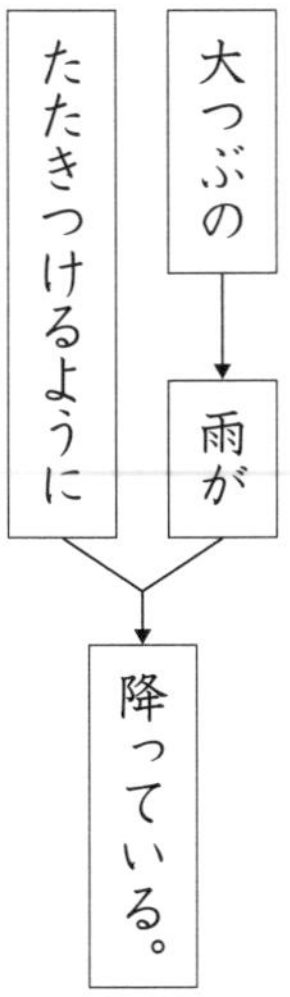
大つぶの
雨が
たたきつけるように
降っている。

□(1) かわいい小鳥がじっとえだにとまっている。

□(2) 色とりどりの花が春のそよ風にゆれている。

□(3) 青くすみきった空にちぎれ雲がうかんでいる。

□(4) 子どもたちも今ごろはきっと海で泳いでいるだろう。

□(5) 春の日ざしにあたためられた大地が広がっている。

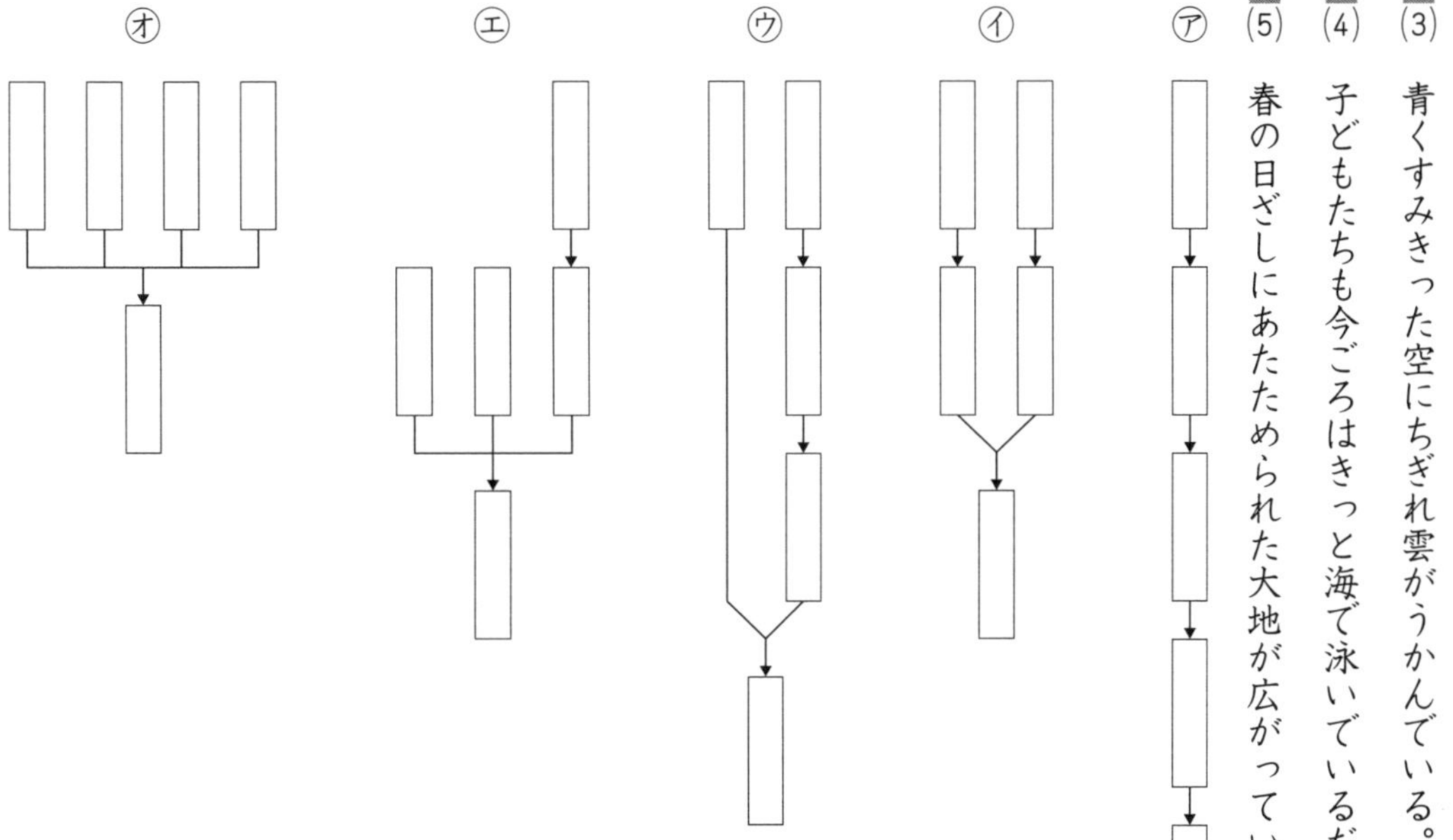
㋐
㋑
㋒
㋓
㋔

**8** 次の══線を引いたことばは、どのことばにかかりますか。かかることばを記号で答えなさい。

□(1) むすめは　㋐やさしく　㋑ほほえんで　㋒言葉を　㋓続けました。

□(2) 昨日　㋐ダリアの　㋑花が　㋒はじめて　㋓咲(さ)いた。

□(3) ㋐川は　うねうねと　㋑のびて　㋒白く　㋓光っている。

□(4) ㋐北極ぐまは　年じゅう　㋑氷の　㋒上で　㋓くらしている。

□(5) ふいに　㋐町の　㋑時計台の　㋒時計が　㋓十二時を　㋔うちました。

**9** 次の□の中のことばは、どのことばをくわしく表していますか（修飾していますか）。記号で答えなさい。

〔例〕 [白い]　㋐雪が　㋑たくさん　㋒積っている。　〔答〕㋐

□(1) [まっかな]　㋐太陽が　㋑海上に　㋒のぼった。

□(2) ㋐花が　㋑大きく　[きれいに]　㋒咲いた。

□(3) ㋐霜の　[結晶を]　㋑けんび鏡で　㋒調べる。

□(4) [たとえ]　㋐どんなに　㋑苦しくても　㋒帰っては　㋓いけない。

□(5) ㋐自動車が　[だんだんと]　㋑スピードを　㋒増した。

**10** 次の文を読んで後の問いに答えなさい。

①翌日(よくじつ)も　②翌々日も　③彼が　④廊下(ろうか)に　⑤立止まって　⑥隣家(りんか)を　⑦ながめるたびに　⑧いつも　⑨窓(まど)の中に　⑩少年の　⑪背(せ)を　⑫かがめた　⑬姿が　⑭見られた。

□(1) 主語と述語を番号で答えなさい。

□(2) ⑦・⑧・⑩はそれぞれどこにかかりますか。番号で答えなさい。

**11** 次の文の主語と述語を書きなさい。

□(1) 月が美しい今夜は、十五夜だ。

□(2) 真っ赤でおいしそうなリンゴが、枝もたわわになっている。

□(3) 妹をつれて友達も横断歩道を渡(わた)った。

□(4) けたたましいサイレンの音をたてながら消防自動車が前を通り過ぎた。

□(5) ともされたろうそくの火が静かにゆらめく。

**12** 次の文章を読んで、後の問いに答えなさい。

〈例文〉
①わたしは　②笑いながら　③にげる　④弟の　⑤あとを　⑥追いかけた。

この文は二通りの意味が考えられ、まぎらわしい文になっています。それは、［㋐］のことばが［㋑］と［㋒］の二つのことばにかかっていく（修飾する）場合が考えられるからです。

そこで、この文の意味を明らかにするために、次のような二つの方法を考えてみました。

① 適切な位置に読点（、）をうつ。

② ことばの順序をかえる。

まず、①の方法を用いることとします。

例えば、［㋓］の後に読点をうつと、笑っているのは「弟」の動作になります。

また、②の方法を用いて、［㋔］のように書き直すと、笑っているのは「弟」であることが、例文よりももっとはっきりしてきます。

□(1) ［㋐］～［㋓］に、例文のことばの番号を書きなさい。

□(2) ［㋔］にあてはまるように、例文のことばを並べかえて、その番号を書きなさい。

## 13

(1)～(5)の各文の形は、次の㋐・㋑・㋒のうちのどの文の形と同じものか、それぞれ記号で答えなさい。

㋐ 兄が呼ぶ。　㋑ 姉はやさしい。　㋒ 父は画家だ。

□(1) きのう取った魚は、今まで私が見たもののなかで最も大きい。

□(2) 先生にしかられた一郎は、立ったまま泣きだした。

□(3) きょうは、三十五年前に大地震のあった日だ。

□(4) かれは、きっとここに現われるだろう。

□(5) みんな帰ってしまった後の公園は、とても静かだ。

## 14

次の各文の＝線部①～③は、――線部㋐～㋕のどの部分へかかっていくか、記号で答えなさい。

□(1) 二、三日前の夕暮れ、仕事につかれたわたしは、①急に思いたって　㋐ある画廊を　㋑訪ねてみました。

□(2) ここはもう奥湯河原のはずれで　②家も　㋐ほかに余り　㋑なく、③廊下からは　㋒小さい庭と　㋓向こう側の　㋔谷のみどりが　㋕見えるだけである。

## 15

(1)と(2)の文から～～線部のことばをくわしく説明している文節（修飾語）を見つけ、それぞれ記号で答えなさい。（なお、答えは一つとは限りません。）

□(1) アわたしたちは　イ庭の　ウそうじを　エいつも　オ熱心に　行います。

□(2) ア窓の　イ外には　ウキラキラと　エかがやく　オ七つの　星が　カ見える。

**16** 例に示した二つの文は、文の構成が同じです。(1)〜(5)の文について、それぞれの文と同じ構成の文を㋐〜㋘の中から一つ選び、それぞれの記号で答えなさい。

〔例〕「私はゆっくり歩いた。」＝「母は五時に起きた。」
主語＋修飾語＋述語　　主語＋修飾語＋述語

□(1) 庭の桜がとてもきれいだ。

□(2) 昨日私は友だちと五年ぶりに会った。

□(3) 春になったら、兄はアメリカに行く。

□(4) ああ、もうじき寒い冬が来る。

□(5) とてもつかれた。しかし、最後までがんばって歩いた。

㋐ 何倍も努力した。だから、見事試験に合格した。

㋑ 子供たちが大きな声で元気に歌う。

㋒ 一生懸命(けんめい)走ったので、私は出発時間に間に合った。

㋓ これはかなり重要な問題です。

㋔ 日曜日に姉は母と買い物に出かける。

㋕ おや、かすかに雨の音が聞こえる。

㋖ さあ、私にはよくわかりません。

㋗ 今日の海は昨日より静かだ。

㋘ 買い物に出かけた。だが、お金を忘(わす)れて何も買えなかった。

**17** 文中の（　）にひらがなを一字入れて、条件に合うような文を完成させなさい。

> おじさんにレストランに招待(しょうたい)されておいし（　）食事をいただいた。

□(1) ——線部が「食事を」にかかるような文になるようにする。

□(2) ——線部が「いただいた」にかかるような文になるようにする。

**18** 次の(1)〜(5)について、〰〰線部のことばは、どの——線部のことばにかかっていますか。最も適当なものを次の㋐〜㋓から選び、記号で答えなさい。

□(1) ㋐山の方から　犬の　㋑悲しげな　㋒遠吠(ぼ)えが　㋓聞こえる。

□(2) ㋐彼女(かのじょ)の　㋑足元から　いきなり　㋒ひばりが　㋓舞(ま)い上がった。

□(3) たいへん　㋐意味の　㋑深いことに　㋒思われます。

□(4) はてしない　㋐すみきった　㋑秋空に　㋒渡(わた)り鳥の群れが　㋓飛んでいた。

□(5) ㋐バスは　㋑予定通り　午前八時に　㋒駅前を　㋓発車した。

**19** 次の(1)・(2)の文の――部に対する主語は何ですか。省略されている場合は自分で考えて答えなさい。

□(1)

自分たちの少年のころには、日本ではフランスのいわゆる印象派の画が大流行していて、洋画鑑賞（かんしょう）の第一歩を、たいていこのあたりから始めたもので、ゴッホ、ゴーギャン、セザンヌ、ルナァルなどという人の絵は、田舎の中学生でもたいていその写真版を見て知っていたのでした。

（太宰（だざい）治（おさむ）「人間失格」）

□(2)

そこのベランダにはじめて立った私（わたし）は、錯雑（さつざつ）したもみの枝を透（すか）して、すぐ自分の眼下に、高原全体が大きな円を描（えが）きながら、そしてここかしこに赤い屋根だの草屋根だのを散らばせながら、横たわっているのを見下ろすことが出来た。

（堀（ほり）辰雄（たつお）「美しい村」）

---

**20** 次の(1)～(5)の文の主語と述語の関係と同じ関係である文を、次の㋐～㋓の中からそれぞれ選んで記号で答えなさい。（同じ記号はくり返し使うことができます。）

□(1) わたしたちの町では人口が減り続けている。

□(2) 毎日いそがしく働く父に自由な時間はない。

□(3) 帽子（ぼうし）をかぶった背の高い男がわたしの兄だ。

□(4) 新しく建てた兄の家は風通しがよく明るい。

□(5) 練習したとおりに妹は歌い始めるでしょう。

㋐ 町は静かだ。

㋑ 電車が走る。

㋒ 工場がある。

㋓ あれは海だ。

# 10 文法 品詞の種類

文はことばどうしのつながりからできている。ことばどうしのつながりとともに、ことばの働きもとらえることで、文の内容をとらえることができる。

## ★ 品詞（ひんし）の種類とそれぞれの性質、働きをとらえよう

(1) 名詞　(2) 動詞　(3) 形容詞　(4) 形容動詞
(5) 副詞　(6) 連体詞　(7) 接続詞　(8) 感動詞
(9) 助詞　(10) 助動詞

(1) 名詞

名詞はものごとの名前を表すことばである。名詞はことばの形が変わることはない。文の主語になることができる。「体言」ともいう。

《名詞の種類》

① 普通名詞（ふつうめいし）……一般的なものごとを表すことば。

**例** 山　時計　運動　知識

② 固有名詞……人名や地名など、そのものだけを表すことば。

**例** 東京（とうきょう）　富士山（ふじさん）　芥川龍之介（あくたがわりゅうのすけ）　法隆寺（ほうりゅうじ）

③ 数詞……ものの数・量・順序を表すことば。

**例** 一匹　二月　三頭　四回　五つ

④ 代名詞……あるものを指し示すことば。

**例** これ　あちら　そこ　あなた

⑤ 転成名詞……もとは「動詞」「形容詞・形容動詞」であったものが、形を変えて「名詞」になったことば。

**例** 晴れ（「晴れる」という動詞からできた）
遠く（「遠い」という形容詞からできた）

(2) 動詞

「何が（だれが）どうする」の「どうする」にあたることばである。動作・作用・心の動きを表す。言い切りの形（終止形）が「ウ段（だん）」の文字で終わり、後に続くことばによって、語形が変化する。

チャレンジ問題は本文128ページ～

**例** 歩かない　歩きます　歩くとき　歩けば　歩こう　歩いた

(3) 形容詞

「何が（だれが）どんなだ」の「どんなだ」にあたることばである。ものごとの性質や状態を表す。言い切りの形（終止形）が「い」で終わり、後に続くことばによって、語形が変化する。

**例** 大きかろう　大きかった　大きくない　大きいとき

大きければ

(4) 形容動詞

形容詞と同じく、「何が（だれが）どんなだ」の「どんなだ」にあたることばである。ものごとの性質や状態を表す。言い切りの形（終止形）が「だ」で終わり、後に続くことばによって、語形が変化する。

**例** きれいだろう　きれいだった　きれいでない

きれいになった　きれいなところだ　きれいならば

(5) 副詞

副詞はことばの形が変わることはない。主に、動詞、形容詞、形容動詞を修飾（しゅうしょく）する。

《副詞の種類》

① 状態を表すもの

**例** やがて　いきなり　わいわい　こっそり

② 程度を表すもの

**例** とても　かなり　もっと

③ 対応することばが後に来るもの（呼応（こおう）の副詞）

**例** どうして（〜か）　もし（〜なら（たら））

決して（〜ない）

(6) 連体詞

連体詞はことばの形が変わることはない。必ず名詞（体言）を修飾する。連体詞は最後に来る文字に着目すると見分けやすい。

《連体詞の種類》

① 「が」で終わるもの

**例** わが

② 「の」で終わるもの

**例** この　その　あの

※ 「これ　それ　あれ」は名詞である。

③ 「な」で終わるもの

**例** 大きな　小さな　おかしな　いろんな

※「大きい　小さい　おかしい」は形容詞である。

④「た／だ」で終わるもの

**例** たいした　とんだ

⑤「る」で終わるもの

**例** ある　あらゆる　いわゆる

(7) 接続詞

ことばどうし、文どうし、段落どうしをつなぐ働きを持つことばである。接続詞はことばの形が変わることはない。

《接続詞の種類と働き》

① 順接……前の内容を受け、そのまま順当な流れで後へとつなげるもの。

**例** だから　そこで　すると

② 逆接……前の内容に対し、それとは逆の内容で後へとつなげるもの。

**例** しかし　だが　ところが　けれども

③ 説明……前の内容をふまえて、その内容をまとめたり、言いかえたり、例をあげたり、後に理由を述べたりして説明する内容をつなげるもの。

**例** つまり　すなわち　たとえば　なぜなら

④ 添加(てんか)……前の内容に、後の内容を付け加えるもの。

**例** なお　そのうえ　しかも　それに　そして

※「そして」は順接や並列(へいれつ)などの働きをすることもある。

⑤ 並列……前の内容と対等の内容を後につなげるもの。

**例** また　および　ならびに

⑥ 選択(せんたく)……前と後のうち、どちらかを選ばせる働きをするもの。

**例** それとも　あるいは　または

⑦ 転換(てんかん)……それまでの話の内容を変えるもの。

**例** ところで　さて　では

(8) 感動詞

感動詞はことばの形が変わることはない。感動詞には、次のようなものがある。

《感動詞の種類》

① 感動（気持ちを表す）

**例** ああ　あら　えっ　わあ

② 呼(よ)びかけ

**例** おい　もしもし　やあ　こら

③ 応答

例　はい　いいえ　ええ　いや

④　あいさつ

例　おはよう　こんばんは

⑤　かけ声

例　よいしょ　どっこいしょ　それ　ほいきた

(9)　助詞

いろいろなことばに付いて、ことばどうしの関係を表したり、意味を加えたりすることばである。助詞はことばの形が変わることはない。

《助詞の種類と働き》

①　格助詞……主に、名詞（体言）に付いて、ことばどうしの関係を表す。

例　わたしはかぜをひいた。

②　接続助詞……一つの文の中で、前の内容と後の内容をつなげる。

例　わたしはかぜをひいたので、学校を休んだ。

③　副助詞……ある意味を加える。

例　君こそキャプテンにふさわしい。

（強調の意味を加えている）

④　終助詞……文末などに付いて、ある意味を加える。

例　明日の天気は晴れですか。（疑問の意味を加えている）

(10)　助動詞

いろいろなことばに付いて、意味を加えたり、文の意味を決めたりすることばである。後に続くことばによって、語形が変化するものと、語形が変化しないものがある。

《助動詞の意味》

①　受け身

例　先生にほめられる。

②　尊敬

例　先生が話される。

③　可能

例　いくらでも食べられる。

④　自発

例　いなかの祖母のことが案じられる。

⑤　使役

例　弟に本を運ばせる。

⑥　過去（完了）

例　昨日、公園に行った。

⑦ 丁寧
**例** 本を読みます。

⑧ 推量
**例** 駅からあのビルまで一キロあろう。

⑨ 推定
**例** 明日は雪が降るようだ。

⑩ 伝聞
**例** 明日は雪が降るそうだ。

⑪ 様態
**例** 明日は雪が降りそうだ。

⑫ 希望
**例** わたしは遊びに行きたい。

⑬ 意志
**例** わたしも日記を書こう。

⑭ たとえ
**例** 彼女は太陽のように明るい人だ。

⑮ 例示
**例** 彼のような正直者はなかなかいない。

⑯ 断定
**例** これは科学の本だ。

⑰ 打ち消し
**例** わたしはそこに行かない。
※「お金がない。」の「ない」は形容詞である。

⑱ 打ち消しの意志
**例** 失敗を二度とくり返すまい。

⑲ 打ち消しの推量
**例** 明日、雪は降るまい。

---

**例題1** 次の(1)~(7)の名詞は、それぞれどの種類に属しますか。㋐~㋓の記号で答えなさい。

□(1) 海
□(2) 宮崎県
□(3) 山本君
□(4) 九月十四日
□(5) えんぴつ
□(6) 彼
□(7) 台風十二号

㋐ 普通名詞　㋑ 固有名詞　㋒ 数詞　㋓ 代名詞

**解答**
(1) ㋐ (2) ㋑ (3) ㋑ (4) ㋒ (5) ㋐ (6) ㋓ (7) ㋒

**例題2** ——線部①～⑥のそれぞれの単語は、㋐～㋒の品詞のどれにあたりますか。記号で答えなさい。

□ ①小さな音がする。②その音が③おもしろい。④静かに聞いていると、⑤まるくて⑥こまやかで何ともいえない感じがする。

㋐ 連体詞　㋑ 形容詞　㋒ 形容動詞

**解答** ① ㋐　② ㋐　③ ㋑　④ ㋒　⑤ ㋑　⑥ ㋒

**例題3** ○に適切なひらがなを入れて、文を完成しなさい。

□(1) ○○○そんなことはあるまい。
□(2) ○○○失敗しても、くじけないだろう。
□(3) 君は○○○○行かないのですか。
□(4) 彼は○○○くるにちがいない。
□(5) ○○おいでください。
□(6) ○○○バッハのような音楽だ。
□(7) ○○○○明日は雪でしょう。
□(8) ○○○美しい景色ではないね。

**解答** (1) まさか　(2) たとえ　(3) どうして　(4) きっと　(5) ぜひ　(6) まるで　(7) おそらく　(8) あまり

---

**例題4** 次の(1)～(5)までの「ことばの働き」を持っている語を、後の㋐～㋗の——線を引いてある語の中から一つずつ選び、記号で答えなさい。

□(1) 付け加える意味で上下の語をつなぐ働きをする語。
□(2) 過去のことではなく、現在そのことが現れていることを表す語。
□(3) 一見、疑問(ぎもん)のようにみえて、ほんとうはそのことを強く認(みと)めている語。
□(4) ことの原因を表し、下に結果の文を続かせる語。
□(5) 人から聞いたこととして表現する語。

㋐ 雨が降ったので、道がわるくなった。
㋑ 合格したそうで、おめでとうございます。
㋒ 仕事は積極的に、しかもまじめにやるのがいいということだ。
㋓ ふたりはきょうだいのようになかがよかった。
㋔ 水は高い所から低い所へ流れる。
㋕ そら、自動車が来たよ。
㋖ あっ、電車が来た。
㋗ どうして喜ばずにいられましょうか。

**解答** (1) ㋒　(2) ㋖　(3) ㋗　(4) ㋐　(5) ㋑

# 10 文法

# 品詞の種類

## ―チャレンジ問題―

解答は
別冊9ページ

**1** ことばは、文法上の性質や意味によっていくつかの種類に分けられます。次の各グループの中に、ほかとちがった種類のことばが一つずつあります。記号で答えなさい。

□(1) ㋐ 机(つくえ)　㋑ 小鳥　㋒ 手袋(てぶくろ)　㋓ 名古屋(なごや)　㋔ 少女

□(2) ㋐ 細い　㋑ 見る　㋒ 食べる　㋓ 歩く　㋔ 早める

□(3) ㋐ 元気だ　㋑ 静かだ　㋒ 本だ　㋓ ほがらかだ　㋔ 健康だ

□(4) ㋐ ここ　㋑ どこ　㋒ その　㋓ それ　㋔ あそこ

□(5) ㋐ 本がない。　㋑ 雨が降(ふ)らない。　㋒ 信用しない。　㋓ 友達と遊ばない。　㋔ 帰ってこない。

**2** 次の会話をよく読んで、後の問いに答えなさい。

風邪(かぜ)で寝こんでいる友人を見舞(みま)いに行った。

A
「熱が高くて苦①しいんだ。」
「君が苦②しむのを見るのはつらいよ。」
「もうこんな苦③しみはこりごりだよ。」

友人のうちは遊園地のそばにある。子どもがわいわい遊んでいた。

B
「子どもたちがさわ④ぐのでね。うるさくて。」
「ほんとにさわ⑤がしいね。病人の気も知らないで。」

□(1) 次の㋐～㋔の意見は、Aの会話について出たものです。正しい指摘(してき)をしている意見を二つ、記号で答えなさい。文中、「対象」とは、ことばで表現する相手となっている「もの」または「こと」。

㋐ 同じ対象について〈名詞(めいし)〉で表現することも、〈動詞〉や

〈形容詞〉で表現することもできるんだね。

㋑ そうだね。①「苦しい」は〈動詞〉だし、②「苦しむ」は〈形容詞〉、それに③「苦しみ」は〈名詞〉になってるね。

㋒ だけど同じ対象について〈名詞〉でいったり〈動詞〉や〈形容詞〉でいったりするなんておかしいよ。ほんとは、それぞれ対象がちがうんだよ。

㋓ そう？ 対象は同じだよ、やっぱり。それに①②③とも「苦し」の部分は同じだろう。だからみんな〈形容詞〉じゃないのかな。

㋔ 対象は同じだけど、①「苦しい」が〈形容詞〉で、②「苦しむ」は〈動詞〉だよ。③「苦しみ」が〈名詞〉でいいけど。

□(2) 次の㋐～㋔の意見は、Bの会話について出たものです。正しい指摘をしている意見を二つ、記号で答えなさい。

㋐ 同じ対象についての表現でも、④「さわぐ」、⑤「さわがしい」とちがってくるのは、子どもの人数のとらえかたがちがうからじゃないのかな。

㋑ そうかも知れない。④「さわぐ」は多人数と見ているようだし、⑤「さわがしい」は少人数と見ているようだしね。

㋒ そうかな。とりあげてる対象は同じでも、そのとらえかたがちがうから④「さわぐ」になったり、⑤「さわがしい」になったりするんじゃない？

㋓ じゃあ、④「さわぐ」はいまさわいでいるってことで、⑤「さわがしい」はいまはさわいでいないっていうのかな。

㋔ いや、④「さわぐ」は、対象を、動き変化しているととらえ、⑤「さわがしい」は、その状態が変化せずそのまま続いているってとらえたのさ。

□(3) 次の㋐～㋒のことばを、（ ）内の指示にしたがって、それぞれ書きあらためなさい。

㋐ 痛(いた)い（動詞に）　㋑ うらむ（名詞に）

㋒ 好む（形容詞に）

## 3 次の各文の――線部のことばを言い切ったかたち（終止形）にしなさい。

□(1) こどもが風に<u>向かっ</u>て走っていく。

□(2) 思ったほど<u>安く</u>ない。

□(3) もっと<u>静かに</u>歩きなさい。

□(4) もう梅のつぼみが<u>ふくらん</u>でいる。

**4** 次の各文の（　）内に入れたらよいことばを、後の中から選んで記号で答えなさい。ただし、いずれも一度しか使えないし、各文の後にある〈　〉内の条件もみたしなさい。

□(1) 目先のこと（　　）考えられない人。〈ものごとをそれだけに限る場合〉

□(2) 本を読んで（　　）いる。〈ものごとをそれだけに限る場合〉

□(3) 音楽（　　）聞きましょう。〈軽く、だいたいのことをさす場合〉

□(4) 水（　　）あればけっこうです。〈それだけでものごとがたりる場合〉

□(5) それ（　　）たいへんだ。〈強める場合〉

| | | | | |
|---|---|---|---|---|
| ㋐ さえ | ㋑ でも | ㋒ しか | ㋓ こそ | |
| ㋔ ばかり | | | | |

**5** 次の文中の①～⑧に入るものをA群から、あ～けに入るものをB群から選び、それぞれ㋐・㋑・㋒……などの記号で答えなさい。ただし、一つのことばは一か所にしか入りません。

□(1) あの子は頭もいい（①）、気持ちもやさしい。

□(2) 自分の勉強がすむ（②）、さっさとへやを出た。

□(3) あ雨が降れ（③）、い中止することになるでしょう。

□(4) う雨が降っ（④）、旅行は中止しない。

□(5) え呼ん（⑤）、お水をうったように静まりかえっていた。

□(6) 仕事はつらいでしょう（⑥）、かがんばってください。

□(7) 弟はき元気な（⑦）、ぼくはくなおらない。

□(8) けかぜをひいたような（⑧）、今日は学校を休もう。

【A群】

㋐ のに　㋑ ば　㋒ と　㋓ ても

㋔ ので　㋕ し　㋖ が　㋗ でも

【B群】

㋐ おそらく　㋑ まるで　㋒ どうも　㋓ どうか

㋔ たとえ　㋕ いくら　㋖ もし　㋗ まだ

㋘ もう

**6** 次のA群と同じ関係になるように、B群の（㋐）～（㋙）の中に適当なことばを入れなさい。

| 【A群】 | 【B群】 |
|---|---|
| □(1) 書く――書ける | 測る――（㋐） |
| □(2) 立つ――立て | 果たす――（㋑） |

□(3) 楽しい――楽しさ ……→ 暖かい――（ウ）

□(4) 食べる――めしあがる ……→ 言う――（エ）

□(5) 聞く――うかがう ……→ もらう――（オ）

□(6) これ――それ ……→ ここ――（カ）

□(7) 長い――短い ……→ 熱い――（キ）

□(8) 成功――失敗 ……→ 解散――（ク）

□(9) 創造――想像 ……→ 酸性――（ケ）

□(10) 暑い――厚い ……→ 治める――（コ）

## 7 次の文章を読んで、後の問いに答えなさい。

①「ゆうべはひどく暑かった。□よくねむれなかった。」
という二文の間には、ふつう「だから、それで、そのため」などの言葉が入り、
②「秋が来て、もう二週間になる。□暑い日が続く。」
という二文の間には、「なのに、しかし、けれども」などの言葉が入り、その逆は入らないのがふつうです。それは一般に①の場合、「むし暑い夜はねぐるしい。」、②の場合、「秋はすずしく、いい季節だ。」という考えが文の裏にあるからです。

ところが、
③「父は早く帰ってきた。□母は買物に出かけた。」
の場合、「父は早く帰ってきた。父の夕食のために母は買物に出かけた。」と考えれば「だから、それで、そのため」が入り、「父は早く帰ってきた。母も家にいて、みんなといっしょに食事をすればいいのに、買物に出かけた。」と考えれば「なのに、しかし、けれども」が入ります。つまり③の場合、文の流れでどちらとも考えられるので、右の二文だけでは決定できません。

□問 次の文のうち、右の説明の③にあたるものを三つ選び、記号で答えなさい。

㋐ あの子は町の子だ。□大きい。
㋑ 時間が来て、ベルが鳴った。□答案を出した。
㋒ 窓をあけた。□ちっとも風が入らない。
㋓ 彼は大きな声で返事をした。□しかられた。
㋔ わたしはがんばって走りぬいた。□三位になった。
㋕ 山田君にはがきを何通も出した。□一つも返事が来なかった。

**8** 「そうだ」という単語は二種類の意味があります。その意味によって上にくることばとの結びつきがちがいます。例にならってことばをつなげなさい。

〔例〕 走る――――b　　a 走りそうだ　b 走るそうだ

□(1) 読む

□(2) くる

□(3) 見える

□(4) 遠い

□(5) 静かだ

**9** 次の文の意味を変えずに、「ばかり」「さえ」を別のことばでいいかえなさい。

□(1) ばかり

① 五分ばかりおくれた。
→五分（　　）おくれた。

② 熱を出したばかりに遠足に行けなかった。
→熱を出した（　　）に遠足に行けなかった。

③ 運動ばかりしている子。
→運動（　　）している子。

□(2) さえ

① 雨さえ降ってきた。
→雨（　　）降ってきた。

② 弟でさえできるのだからぼくにできないはずはない。
→弟で（　　）できるのだからぼくにできないはずはない。

③ 食物さえあればよい。
→食物（　　）あればよい。

**10** 次の例にならって、(1)～(6)のことばの組み合わせの中で、対応の正しいものには○、正しくないものには×をつけなさい。

〔例〕 ○ 泳ぐ／泳がない　　× うたう／うたえない

□(1) 話せる／話さない

□(2) 見る／見ない

□(3) 歩ける／歩かない

□(4) 飛ぶ／飛べない

□(5) 書く／書かない

□(6) 読む／読めない

**11** 次の各文の（　）の中に三字以内のひらがなを入れて、文を完成させなさい。

(1) この機械を動（　　　）ときには、じゅうぶん注意しなさい。

(2) この間、おじさんのところで赤ちゃんが生（　　　）た。

(3) 一度くらい失敗したって悲（　　　）ことはないよ。がんばれ。

(4) 親というものは、わが子の健（　　　）成長をのぞむものなのだ。

(5) 少し歩くと平（　　　）道に出るだろう。

(6) 君は人にたずねてばかりいるが、少しは自分で考（　　　）。

(7) 夜おそくまで勉強するのもよいが、度を過（　　　）ては体によくない。

(8) 世の中には親切（　　　）ない人もいる。

(9) 晴れた日に郊外（こうがい）を散歩するのは楽（　　　）。

(10) つまらない計算まちがいをして、みなから笑われたので、顔が赤（　　　）だ。

**12** 次のそれぞれの□の中に、ひらがなを一字ずつ入れ、意味の通る文にしなさい。

(1) 朝食はパンですか。□□□□、ごはんですか。

(2) 彼は精いっぱいやったらしい。□□□□、結果はどうなったのだろう。

(3) 腹がすいているのなら食べてもよい。□□□、一つだけだよ。

(4) 今日は授業が午前中なので、一度家に帰って、□□□□、友だちとスケートに行くつもりだ。

(5) 兄はスポーツマンであり、□□、生徒会の役員でもある。

**13** 次の(1)～(3)の文の（　）の中に入る適切な語を、後の語群から選んで書き入れ、文を完成しなさい。

(1) 日本の名作（　）読もう。
→意味「ほかの本は読まない。」

(2) 日本の名作（　）読もう。
→意味「ほかに読む本の例として、特に挙げている。」

(3) 日本の名作（　）読もう。
→意味「特に読みたい本が決まっていないので、軽い気持ちで、例として挙げている。」

【語群】
だけ　さえ　が　でも　も　しか

**14** 次の各文の（　）に入れることばを、後から選んで、記号で答えなさい。（同じものは二度使えません。）

□(1) ご親切は（　）忘(わす)れません。

□(2) （　）行っても会えないだろう。

□(3) （　）君が忘れることはないだろう。

□(4) （　）つらいことでしょう。

□(5) （　）一万円持っていたとしたら何を買いますか。

| | | | |
|---|---|---|---|
| ㋐ かりに | ㋑ まさか | ㋒ ぜひ | ㋓ さぞ |
| ㋔ たとえ | ㋕ どうして | ㋖ まるで | ㋗ とくに |
| ㋘ けっして | ㋙ まったく | | |

**15** 次の各問いに答えなさい。

(1) ある生徒が五人一組の剣(けん)道の団体戦メンバーに選ばれました。その結果の報告が次の㋐～㋔です。それぞれ、どのような問いかけに対する発言でしょうか。もっともふさわしいものを、①～⑤から選んで数字で答えなさい。同じ数字は一回しか使えません。

□㋐「ぼくで勝ちました。」

□㋑「ぼくなら勝ちました。」

□㋒「ぼくは勝ちました。」

□㋓「ぼくも勝ちました。」

□㋔「ぼくが勝ちました。」

①「昨日の試合、彼は勝ったみたいだね。君は？」

②「昨日の試合、一人しか勝てなかったそうだけど、勝ったのはだれ？」

③「昨日の試合、チームとしての勝ちが決まったのはだれのところ？」

④「昨日の試合、勝った人も負けた人もいるみたいだけど、君、どうだった？」

⑤「昨日の試合、君は直前にけがをして、代わりに出た選手が負けてしまったそうだね？」

(2) 次の㋕～㋘の問いかけに対する答えとしてもっともふさわしいものを、①～④から選んで数字で答えなさい。同じ数字は一回しか使えません。

□㋕「ひとつ残っていたおにぎり、食べたのはだれ？」

□㋖「まだ食べていない人、いますか？」

□㋗「彼はひとりで食べたのかな？」

□㋘「他の人はみんなもう食べたみたいだけど、君はもう食べた？」

①「ぼくは食べました。」

□② 「ぼくも食べました。」
□③ 「ぼくが食べました。」
□④ 「ぼくと食べました。」

**16** **次の(1)~(5)について、（　）の中のことばをすべて使い、例にならって並べかえたり形を変えたりして、それぞれ文として完成させなさい。**

〔例〕本を（ 読む　た　ます ）。
〔答〕読みました

□(1) 彼らはお花見に（ ようだ　行く　たい ）。
□(2) 入学式が（ た　れる　ます　行う ）。
□(3) なまけ者にも必ず（ 勉強する　ます　せる ）。
□(4) 子どもには何でも（ ます　食べる　う　させる ）。
□(5) あの老人は過去を（ たがる　そうだ　話す　ない ）。

**17** **漢字二字の熟語を、次の㋐~㋓のように分類します。後の①~⑧は、㋐~㋓のどれに分類できますか。それぞれ最も適当なものを選び、記号で答えなさい。**

㋐ 「明白」のように、「~な」「~だ」という形で、様子や状態を表すもの。
㋑ 「行動」のように、「~する」という形で、動作を表すもの。
㋒ 「退屈」のように、㋐、㋑のどちらにもなるもの。（ただし、㋐の使い方の場合と㋑の使い方の場合とで、意味が多少ちがうこともあります。）
㋓ 「電車」のように、㋐、㋑のどちらにもならないもの。

□① 心配　□② 法外　□③ 相当　□④ 意図
□⑤ 意外　□⑥ 古代　□⑦ 左右　□⑧ 明暗

# 11 文法 品詞の用法

日本語では、表記や音は同じなのに、意味がちがうことばがある。たとえば、「明日は雨らしい」「彼の態度はいつも男らしい」の二つの「らしい」は意味がちがう。

文の内容をとらえるとき、ことばどうしのつながりや、ことばの働きをとらえた。「らしい」のような、表記や音は同じなのに、意味がちがうことばに気をつけることで、文の内容を正しくとらえることができる。

## ★まぎらわしい語の区別を理解しよう

(1) 同じ語でも、品詞がちがう場合

A ない
- 1 形容詞（「時間がない。」）
- 2 形容詞の一部（「花子はまだおさない。」）
- 3 助動詞（「ごはんを食べない。」）

B だ
- 1 形容動詞の一部（「海がおだやかだ。」）
- 2 断定の助動詞「だ」（「これは本だ。」）

(2) 同じ語でも、意味がちがう場合

A れる・られる
- 1 受け身（～に～される。）
- 2 尊敬（お～になる。）
- 3 自発（ひとりでに～なる。）
- 4 可能（～することができる。）

B そうだ
- 1 伝聞（そういうわさだ。）
- 2 様態（そういう様子だ。）

※ 意味を見分けるときには、そのことばの前に、どのようなことばが来るのか、前に来たことばがどのような形をしているのか、ということに着目してみよう。そのうえで、文全体の意味を考えてみよう。

チャレンジ問題は本文140ページ～

**例題1** 次の各組の――線のうち、例文と同じ使い方のものを一つずつ選んで、記号で答えなさい。

□(1) ぼくの本がない。
㋐ そんなに早く行けない。
㋑ からだが丈夫でない。
㋒ 人の一生ははかない。

※ 行け[ない]＝行け[ぬ]「ぬ」に置きかえることのできる「ない」は助動詞。勉強しない、犬がいないのないは「ぬ」に置きかえられる。

□(2) 雨が降りはしないかと心配になった。
㋐ これは学校だ。
㋑ 大変なことになりはしまいか。
㋒ このごろはよい。

※ (2)強意、㋐主語、㋑強意、㋒主語

□(3) 犬ながら人間以上にりこうだ。
㋐ 友達と話しながら歩いた。
㋑ 一同は涙ながらに聞き入った。
㋒ 知っていながら、知らないそぶり。

※ (3)逆接、㋐平行、㋑状態、㋒逆接

□(4) あすは雨が降るらしい。
㋐ いかにも中学生らしい少年だ。
㋑ 彼はまだ中学生らしい。
㋒ 歌らしい歌ではない。

※ ㋐と㋒は、「実に」「いかにも」といった語が補える。㋑は「どうやら」という語が補える。

□(5) つらいががまんしよう。
㋐ 花が咲きました。
㋑ 春は来たがまだ寒い。
㋒ 峠まで登った。が、この先が大変だ。

※ ㋑も㋒も逆接を表すが、㋑は助詞、㋒は接続詞。

□(6) ちょっと待って下さい。
㋐ ちょっと、はやくいらっしゃいよ。
㋑ 本をちょっと借ります。
㋒ 頂上までもうちょっとだ。

※ (6)副詞、㋐感動詞、㋑副詞

□(7) 森は静かだ。

㋐ これはぼくのペンだ。

㋑ 百メートル泳いだ。

㋒ 彼女(かのじょ)はいつもしとやかだ。

※ 静か[だ]→静か[な]○、しとやか[だ]→しとやか[な]○、ペン[だ]→ペン[な]×、泳い[だ]→泳い[な]×

□(8) 目の前の光景に感動し涙する。

㋐ 勉強もするし、運動もする。

㋑ 勉強もし運動もする。

㋒ 雨も降るし風も吹(ふ)く。

※ ㋐・㋒の「し」は助詞。(8)と㋑は「する」という動詞が変化したもの。

□(9) 木で作る。

㋐ バスでも行ける。

㋑ 病気で寝込(ねこ)んだ。

㋒ 六十歳で退職する。

※ (9)手段・材料、㋐手段・材料、㋑原因、㋒時

□(10) 秋も半ばとなった。

㋐ 弟は父とよく似ている。

㋑ 「家に帰る」といった。

㋒ 氷がとけて水となる。

※ (10)結果、㋐比較(ひかく)の対象、㋑引用、㋒結果

□(11) 図書館の本だ。

㋐ 火事は風の吹く晩(ばん)におこった。

㋑ 学問が求めるのは、真理だ。

㋒ 波の音が聞こえる。

※ (11)連体修飾(しゅうしょく)、㋐主語、㋑「もの」「こと」、㋒連体修飾

□(12) 野菜が食べられるようになった。

㋐ 故郷(こきょう)が思い出される。

㋑ 歩いてもゆかれる。

㋒ 彼に教えられることが多い。

㋓ 恩師が、明日上京される。

※ (12)可能、㋐自発、㋑可能、㋒受け身、㋓尊敬

□(13) 草はやわらかそうだ。

㋐ 相手チームはとても強いそうだ。

㋑ 今夜は美しい月夜になりそうだ。

※ (13)様態、㋐伝聞、㋑様態

□(14) バイオリンの音がため息をついているように聞こえる。

㋐ ほとんどの人が食事をすませたように見えた。

㋑ それは、鎖(くさり)のようにしっかりと、バンビをつかまえた。

㋒ 柿(かき)やリンゴのように実のなる木。

※ (14)たとえ、㋐断定をさしひかえた言い方、㋑たとえ、㋒例を示す言い方。

□(15) 目を奪(うば)うばかりの美しさ。

㋐ 泣かんばかりに頼(たの)む。

㋑ 二時間ばかり山道を歩いた。

㋒ 今来たばかりだ。

※ (15)程度（ホド）、㋐今にもしそうだ、㋑程度（ホド）、㋒シテマモナイ

□(16) 犬さえ恩を知る。

㋐ 風が吹く上に雨さえ降り出した。

㋑ 幼児(ようじ)でさえ知っている。

㋒ 勝ちさえすればよいという考え。

※ (16)極端な例をあげて他を推量(すいりょう)させる、㋐その上…までも、㋑(16)と同じ、㋒さえ…ば

**解答**

(1) ㋑ (2) ㋑ (3) ㋒ (4) ㋑ (5) ㋑ (6) ㋑
(7) ㋒ (8) ㋑ (9) ㋐ (10) ㋒ (11) ㋒ (12) ㋑
(13) ㋑ (14) ㋑ (15) ㋑ (16) ㋑

# 11 文法

# 品詞の用法

## ―チャレンジ問題―

解答は別冊10ページ

**1** (1)・(2)の文の――線部の語と同じ意味、あるいは同じ働きを持つ語を、㋐～㋒から選び、記号で答えなさい。

□(1) 寒いから、窓（まど）をしめてください。
㋐ あなたからどうぞお先に。
㋑ つまらないから、やめた方がよい。
㋒ 学校からまだ帰ってこない。

□(2) 桜の咲（さ）くころ、入学式がある。
㋐ このごろ父の帰るのがおそい。
㋑ 行くの行かないのって、はっきりしない。
㋒ 冬の雨はどこかさびしい。

**2** 次の各組の――線部の語と同じ性質のものを一つずつ選び、記号で答えなさい。

□(1) 急に雨に降（ふ）られる。
㋐ 友人に笑われる。
㋑ はやく歩かれる。
㋒ 子どものことが思い出される。
㋓ 先生が話される。

□(2) この時間は自習だ。
㋐ 本を読んだ。
㋑ 彼（かれ）は病気だ。
㋒ 海はおだやかだ。

□(3) わたしは本らしい本を読んでいない。
㋐ あそこにいるのは犬らしい。
㋑ 行きたいらしい。
㋒ 君の態度は男らしい。
㋓ あすも雨らしい。

□(4) 雨が降るそうだ。
㋐ 彼はえらそうだ。
㋑ 天気がくずれそうだ。
㋒ いかにも眠（ねむ）そうだ。
㋓ 夏は暑いそうだ。

□(5) さあ、これから練習しよう。

㋐ わたしも行ってみよう。

㋑ すぐ月も出よう。

㋒ 彼がこんなに早く起きようはずがない。

**3** 次の(1)~(5)の——線部と同じ意味で使われているものを後の㋐~㋔の文から選び、記号で答えなさい。

□(1) 雪のような白だ。

□(2) これと同じようにつくってください。

□(3) この調子ならできるような気がする。

□(4) おくれないように来ること。

□(5) 願いがかないますように。

㋐ 昔見たような風景だ。

㋑ 鳥のように飛ぶ。

㋒ 早く家に帰るように。

㋓ あしたは雨のようだ。

㋔ あすまでにできあがるようにがんばります。

---

**4** 次の文の——線部の語と同じ働きをしている語のある文はどれですか。記号で答えなさい。

□(1) 書くのをやめなさい。

㋐ 雪の降る夜です。

㋑ 調子はいいの。

㋒ 大きいのがいい。

□(2) 静かなのでよく聞こえる。

㋐ ボールの大きいので遊ぼう。

㋑ 春が来るので水がぬるむ。

㋒ 人ので間にあわせる。

**5** 次の(1)~(5)の——線部と同じものを後から選び、記号で答えなさい。

□(1) わたしは男らしい勇気のある人が好きです。

㋐ 明日は雪が降るらしい。

㋑ 明日は雪らしい。

㋒ 明日は雪らしい雪が降りそうだ。

㋓ 雪が降ると困(こま)るらしい。

□(2) 彼は今日、出発するそうだ。

㋐ 今日は雨が降りそうだ。
㋑ 今日は雨が降るそうだ。
㋒ 今日は雨がやみそうだ。
㋓ 今日は雨が降っても行きそうだ。

□(3) お金のない人も行ける。

㋐ きたない家ですが、おいでください。
㋑ おいでくださらないと困ります。
㋒ 時間がないので行けません。
㋓ 時間が足りないので行けません。

□(4) 先生がわたしの家に来られます。

㋐ そんなありふれた風景は毎日見られます。
㋑ 優勝者に会長が賞をさずけられました。
㋒ 祖父は赤いチャンチャンコを着せられました。
㋓ 昔のことがひとりで思い浮かべられます。

□(5) ペンは机の上にあるのでまにあわせる。

㋐ 雨が降るのでつまらない。
㋑ 春は花が咲くのでよい。
㋒ お金を使いすぎるので困る。
㋓ お金はいま持っているので足りるだろうか。

---

**6** 次の㋐～㋓の中に一つだけほかとちがったものがあります。それを記号で答えなさい。

□(1) 「の」

㋐ 雪の降る日はとても寒い。
㋑ かれのもっている物にさわるな。
㋒ ぼくのはいつも調子がいい。
㋓ 母の来る時が待ち遠しい。

□(2) 「そうだ」

㋐ この教室は暑そうだ。
㋑ 学校の勉強は厳しそうだ。
㋒ かるたはとても楽しそうだ。
㋓ 南国はいつでも暖かいそうだ。

□(3) 「から」

㋐ 風は山から吹いてくる。
㋑ 月がないから道が暗い。
㋒ こどもだからよくわからない。
㋓ 雨が降るから遠足はやめた。

□(4) 「か」

㋐ これは何にするものですか。
㋑ きょうも海はおだやか。

ウ そんなことがあるものか。
エ あなたはよく勉強しましたか。

□(5) 「のに」
ア 来いと言うのに来ない。
イ 波がないのにゆれている。
ウ あたり前なのに認(みと)めようとしない。
エ 卵からひなになるのに三日かかった。

**7** 次の(1)~(5)の——線部と同じ使い方をしているものを、後から一つずつ選び、記号で答えなさい。

□(1) 明日は雨が降るらしい。
ア なんてにくらしい人だろう。
イ あの人の話し方は、いかにも学者らしい。
ウ あの人はどうやら学校の先生らしい。
エ 勇気ある、男らしい態度。

□(2) 遠足の行先が決まったそうだ。
ア かれは、毎日三時間、勉強するそうだ。
イ 今にも雨が降りそうだ。
ウ もう帰ってもよさそうだ。
エ そんなことをしてはかわいそうだ。

□(3) おかゆなら、病人でも食べられる。
ア よいことをして、先生にほめられる。
イ こんど、新しい先生が来られる。
ウ 朝早く起きようと思えば起きられる。
エ テレビの時代劇(げき)では、悪人がすぐ切られる。
オ ほんのりあたたかく感じられる。

□(4) あいた窓から風がふきこんでくる。
ア きのう見た映画(えいが)はとてもおもしろかった。
イ 曲がりくねった道を、車がゆっくり走る。
ウ ようやく宿題が終わった。
エ 明日、学校から帰った後、友だちの家に遊びに行く。
オ わたしは今着いたところだ。

□(5) どうやらかぜをひいたようだ。
ア きみのようなうそつきはみたことがない。
イ まるで冷蔵庫(れいぞうこ)の中にでもいるような寒さだ。
ウ ビルの屋上から見ると、人間や車はまめつぶのようだ。
エ あの事件について、かれは、何か知っているようだ。
オ お兄さんのように早く行こう。

**8** 次のそれぞれの文の――線部と同じ使い方をしているものを、㋐〜㋘の中から選び、記号で答えなさい。

□(1) こちらの方が近道だそうだ。
□(2) いつも明るい気持ちでいられる。
□(3) これではこちらがまいってしまいそうだ。
□(4) 道がきれいにはき清められる。
□(5) 雨が降ると、この道はぬかるむ。
□(6) 今年はみかんとかきが多くとれた。

㋐ あの荷物はとても重そうだ。
㋑ 彼は喜んで帰ったそうだ。
㋒ 本当にそうだといいのだが。
㋓ 店で洋服とくつを買った。
㋔ 秋になると渡り鳥がくる。
㋕ 妹が「いいよ」と言った。
㋖ 父に教えられる。
㋗ 彼のことが案じられる。
㋘ これなら飛び越えられる。

**9** 次の(1)〜(5)の各組の――線部は、働きのうえから分類すると二つずつに分けられます。二つの組み合わせを記号で答えなさい。

□(1)
㋐ まちがいは二度とくり返すまい。
㋑ 先生のおっしゃることだから、まちがいはあるまい。
㋒ サービスが悪いので、この店ではもう買うまい。
㋓ 寒いので、多くは集まるまい。

□(2)
㋐ 明日は雪が降りそうだ。
㋑ みんな、コーヒーを飲むそうだ。
㋒ 今にもコップから水があふれそうだ。
㋓ この店は、品物の値段（ねだん）が高いそうだ。

□(3)
㋐ 幼いころのことがなつかしく思い出される。
㋑ 会議は一時から開かれる。
㋒ 彼はだれからも好かれる人だ。
㋓ わたしにもそのように思われる。

□(4)
㋐ 木々の緑が目にまぶしい。
㋑ これは彼女のかいた絵です。
㋒ 天気のよい日には山がよく見える。
㋓ 国語の本を買いに行く。

□(5)
㋐ 牛と馬とがいる。
㋑ 冬が来るとやがて春は近い。
㋒ もっと練習するとうまくなるよ。
㋓ 体重は兄と三キロしかちがわない。

**10** 次の――線をつけたことばの中で、一つだけほかの三つと使い方のちがったものがあります。記号で答えなさい。

□(1)
㋐ 先生にほめられて、うれしかった。
㋑ 先生が教室にはいってこられた。
㋒ 大型ゴミが捨(す)てられて、めいわくしている。
㋓ 何も悪いことをしていないから、先生に見られてもかまわない。

□(2)
㋐ 今夜はだいぶん冷えるようだ。
㋑ 山本君のようにはっきり返事をしなさい。
㋒ 台風がいよいよ近づいたように思われる。
㋓ あすの運動会は中止になるようだ。

□(3)
㋐ あすからのスキー教室に私は参加しない。
㋑ あすは遠足が中止の場合でも授業はない。
㋒ みんなといっしょに泳がないと危ないよ。
㋓ あの人はこのあたりではあまり見かけない人だね。

**11** 次の(1)～(3)の――線部の語と意味や働きが同じものを㋐～㋓の中から選び、記号で答えなさい。

□(1) 海外へ出かける人が増えているそうだ。
㋐ あの人は、いかにものんきそうだ。
㋑ 今にも雨が降りそうだ。
㋒ 会場には、お昼までに着きそうだ。
㋓ 山田君は東京へ行くそうだ。

□(2) 雪の降る朝はたいそう寒い。
㋐ これはどなたのですか。
㋑ 人間の生まれながらに持っている能力。
㋒ 動くのがめんどうだ。
㋓ この本はとてもおもしろい。

□(3) 北国で冬じたくがはじまった。
㋐ 彼は病気で欠席した。
㋑ 毎日バスで通学している。
㋒ 図書館で勉強する。
㋓ 年賀状は筆で書いた。

**12** 次の文の――線部のことばと同じ使い方のことばを後から選び、記号で答えなさい。

□(1) こんなやさしい問題なら、一年生でもできるよ。

㋐ テニスでもしようか。
㋑ いくら読んでもわからない。
㋒ 散歩にでも行くか。
㋓ こんなものは犬でも食べない。

□(2) 姉はケーキばかり作っている。

㋐ 百年ばかり前の話です。
㋑ 今日は、十匹ばかり釣(つ)れた。
㋒ 自分の立場ばかり主張する。
㋓ 三キロばかり走った。

**13** 次の――線部の語句と同じ用法のものを、一つ選び、記号で答えなさい。

□(1) 食事をしながらテレビを見てはいけませんよ。

㋐ 昔ながらの製法を守っている。
㋑ メモを見ながら説明する。
㋒ 知っていながら話してくれない。
㋓ 三人が三人ながら背(せ)が高い。

□(2) 来月の大会には全員が出席するそうだ。

㋐ 明日の朝には晴れるそうだ。
㋑ そうだ、君の言うとおりだ。
㋒ 雨は雪に変わりそうだ。
㋓ このまま試合は勝ちそうだ。

□(3) 台風が上陸するらしい。

㋐ めずらしい動物が発見された。
㋑ わざとらしいことは言うな。
㋒ テストは来週になったらしい。
㋓ 南国らしい暖かい気候です。
㋔ ずいぶんきたならしい服だ。

□(4) この程度ならわたしでも簡単(かんたん)にすることができる。

㋐ 六時だ。でも、まだ明るい。
㋑ お茶でも飲んでいきましょう。
㋒ その話はだれでも知っている。
㋓ 何度呼(よ)んでも返事がない。
㋔ ぼくのかばんの中にでも入れておこう。

**14** 次の文の――線部①～③のことばについて、最も近い使い方をしているものを、それぞれ後の㋐～㋔の中から一つずつ選び、記号で答えなさい。

> 彼の①立てた計画では失敗すると②③ばかり思っていたが、うまくいった。

□① 「の」

㋐ せまる夕闇（ゆうやみ）の中で、その姿ははっきりとは見えなかった。
㋑ どこかで、母の声を聞いたように思った。
㋒ だが、確（たし）かにその声が母のだという自信はなかった。
㋓ 次の瞬間（しゅんかん）、父のがっしりした腕（うで）が、僕（ぼく）を受け止めてくれた。
㋔ その時になって、自分のしたことがどれほど親を心配させたか、はっきりわかった。

□② 「と」

㋐ 友人と一緒（いっしょ）に野球の県大会を見に出かけた。
㋑ 友人の兄は優（すぐ）れたピッチャーで、昨年の優勝の原動力となった。
㋒ 彼が投げるとすれば、勝利は確実（かくじつ）だと思っていた。
㋓ 大会はプロ野球のスカウトも観戦すると聞いていた。
㋔ 会場に着くと試合はもう始まっていた。

□③ 「ばかり」

㋐ 一週間ばかり、伯父（おじ）の家にやっかいになることになった。
㋑ 伯父の家は建て直したばかりで、とてもきれいだった。
㋒ 伯父の家の子は女の子ばかりで、家の掃除（そうじ）などの仕事はすべて僕に押しつけられた。
㋓ 楽をして食事ができると思っていたばかりに、たいへんなことになった。
㋔ 早く家に帰れる日を祈（いの）るばかりだ。

12 文法

# 敬語

日本語では、相手に敬意を表す手段として、「敬語」がある。自分が相手に敬意を表そうとして、敬語を正しく使うことができれば、相手とのコミュニケーションがうまくいく可能性が高くなる。

加えて、ある二人の関係をとらえるときに、敬語がどのように使われているのかにも注目すれば、どちらがどちらに敬意を表そうとしているのかがわかり、二人の関係がわかる可能性が高くなる。

## ★敬語を正しく使えるようにしよう

(1) 敬語の種類と働きをとらえる。

《敬語の種類》

① 尊敬語……目上の人となる相手の動作に使う。相手を高める。

例 ・先生がわたしの絵をごらんになる。
・先生が大切なことを話される。
・先生が本をお読みになる。

② 謙譲語……自分や身内の動作に使う。自分や身内をへりくだって言う。

例 ・先生の絵を拝見する。
・先生に教えていただく。
・先生が来られるのをお待ちする。

③ 丁寧語……話し方を丁寧にする。

例 わたしの兄は大学生です。

(2) 敬語特有の動詞を使えるようにする。

| 尊敬語 | 通常語 | 謙譲語 |
|---|---|---|
| いらっしゃる | 行く | うかがう・まいる |
| | 来る | |
| | いる | おる |
| おっしゃる | 言う | 申す・申し上げる |
| めしあがる | 食う | いただく |
| ごらんになる | 見る | 拝見する |
| お会いになる | 会う | お会いする |
| お聞きになる | 聞く | うかがう（拝聴する） |
| なさる | する | いたす |

チャレンジ問題は本文150ページ～

**例題** 次の(1)〜(10)は、敬語の使い方が適切ではありません。正しく直しなさい。

□(1) 小鳥にえさをあげる。

□(2) 新宿(しんじゅく)の高田(たかだ)さんおりましたら、ホームの事務室までお越(こ)しください。

□(3) こちらへはいつごろ参りましたか。

□(4) ご面会でしたら、そこの受付でうかがってください。

□(5) ご用の方は係員に申してください。

□(6) 家を留守(るす)になさる時にはガス栓(せん)を締(し)めることをお忘(わす)れいただかないようご注意ください。

□(7) ごあいさつをお断りいたしますか。

□(8) どうぞ、しっかりとおつかまってください。

□(9) 高級品がクレジットでお手軽にお求めできます。

□(10) お乗りの方は降(お)りる人がすむまでお待ちください。乗りましたら中ほどへおつめ願います。

---

**解答**

(1) 小鳥にえさをやる。

(2) 新宿の高田さんいらっしゃい(おいでになり)ましたら、ホームの事務室までお越しください。

(3) こちらへはいつごろいらっしゃいましたか。

(4) ご面会でしたら、そこの受付でお聞きになって(お聞き)ください。

(5) ご用の方は係員におっしゃってください。

(6) 家を留守になさる時にはガス栓を締めることをお忘れにならないよう(お忘れなさらないよう)ご注意ください。

(7) ごあいさつをお断りになりますか(お断りなさいますか)。

(8) どうぞ、しっかりとおつかまりください(つかまってください)。

(9) 高級品がクレジットでお手軽にお求めになれます。

(10) お乗りの方はお降りの方がすむまでお待ちください。お乗りになりましたら中ほどへおつめ願います。

# 12 文法 敬語

―チャレンジ問題―

**1** 次の文の――線部を、①相手を敬（うやま）ったいい方、②自分がへりくだったいい方、③そのどちらでもなくただ丁寧（ていねい）ないい方に分けて、その番号を書きなさい。

□(1) 手紙を書きますのも久しぶりでございます。

□(2) 高田（たかだ）さんが、すぐこちらへいらっしゃいます。

□(3) 桜の花が散ってしまいました。

□(4) これらをすべてさしあげることにいたしました。

□(5) 来月、父といっしょにうかがいます。

□(6) 貴重（きちょう）なこの資料を、拝見（はいけん）いたします。

□(7) 「あなたはどなたですか。」と、お聞きしても、何もお答えにはなりませんでした。

□(8) 社長はただいま席をはずしておりますが、何かうけたまわっておきましょうか。

□(9) おじさんがけがをなさったそうですが、そのおけがはたいしたことはないそうです。

□(10) おはようございます。お天気がよろしゅうございますね。

**2** 次の文の敬語（けいご）の使い方で正しいものには○、正しくないものには×をつけなさい。

□(1) 乗車券をお持ちしていない方は、お知らせねがいます。

□(2) 先生、母にお会いいただけますか。

□(3) 父が先生にお会いしたいとおっしゃっています。

□(4) 山田さん、お父さまがお迎（むか）えにまいっています。（呼び出し）

**3** 次の各文の（　　）内のことばを、敬語でいうとどうなりますか。例にならって書きなさい。

〔例〕お医者様が（来る）た。　〔答〕いらっしゃっ

□(1) 校長先生が、「がんばってやりなさいよ。」と（言う）ました。

□(2) これからおたくに（行く）ます。

□(3) 温かいうちに（食べる）てください。

□(4) 静かに（見る）になってください。

解答は別冊10ページ

**4** 次の(1)〜(6)について、指定にしたがって文を書き直しなさい。

日本語の敬語には、尊敬語（ある人に対して尊敬の気持ちを表す）、謙譲語（自分が相手に対してへりくだった気持ちを表す）、丁寧語（相手に対してていねいな気持ちを表す）の三つがあります。次の各文を、どの敬語を使ったらよいかを考えて、書き直しなさい。

□(1) 客が来た。

□(2) 先生がそばを食べていた。

□(3) 友だちの父がこんなことを言った。

□(4) わたしからみんなに言いたい。

□(5) 先生から学問の話を聞いた。

□(6) 客から花をもらった。

**5** 次は先生と生徒の会話です。（　）から正しいものを選び、記号で答えなさい。

□(1) 明日の午後、先生のお宅に（㋐うかがっても　㋑たずねても　㋒行っても）よろしいでしょうか。

□(2) 君ひとりで（㋐来ます　㋑いらっしゃいます　㋒参ります）か。

□(3) いいえ、花子さんといっしょにケーキを持って（㋐行きたい　㋑参りたい　㋒たずねたい）と思います。

□(4) わたしたちの作ったケーキでも（㋐めしあがって　㋑食べて　㋒いただいて）くださいますか。

□(5) それは楽しみだね。午後なら妻が家に（㋐いらっしゃる　㋑おいでになる　㋒いる）から、紅茶でもごちそうしよう。

**6** あなたは、次のことを先生にいうとき、どういいますか。敬ったいい方で書きなさい。

□(1) 「校長先生、どこにいる。」

□(2) 「お母さんが参観日に欠席すると言った。」

**7** □次の会話文の中には、敬語の使い方の正しいものが二つあります。正しいものを二つ選び、記号で答えなさい。

㋐ おかあさん、先生が『よろしく』と申しました。

㋑ おばさん、ぜひぼくの家においでください。

㋒ 先生、あたたかいうちにいただいてください。

㋓ 先生、わたしは先生が注意したことを、決して忘れません。

㋔ おばさん、なにか食べ物をお持ちでしたら、この犬にあげてください。

㋕ 先生、母が先生のお宅へうかがうそうです。

**8** □「いらっしゃる」という敬語のことばには、三つのちがう意味があります。例にあげたもの以外の意味で使われている「いらっしゃる」を用いて短文を二つ作り、それぞれの意味も記しなさい。

〔例〕先生は来週家庭訪問（ほうもん）でわたしの家にいらっしゃる予定です。
→意味（来る）

**9** 次の(1)～(3)の場面のとき、最もふさわしい表現を後から選び、記号で答えなさい。

□(1) 職員室で国語の先生へノートを提出したいとき
㋐ 桜木（さくらぎ）先生はいますか。
㋑ 桜木先生はいられますか。
㋒ 桜木先生はいらっしゃいますか。
㋓ 桜木先生はいらっしゃられますか。

□(2) 保健の先生から食べ物の好ききらいを質問されたとき
㋐ わたしはニンジンもピーマンも食べれます。
㋑ わたしはニンジンもピーマンも食べられます。
㋒ わたしはニンジンもピーマンも召（め）しあがれます。
㋓ わたしはニンジンもピーマンも召しあがることができます。

□(3) 習い事のため、クラブ活動を途中（とちゅう）で早退することを先生に申し出るとき
㋐ すみません、時間になりましたので失礼いたします。
㋑ すみません、約束の時間なので帰らさせていただきます。
㋒ すみません、そろそろ約束の時間になったのでお先にどうも。
㋓ すみません、時間になりましたのでお帰りさせていただきます。

**10** あなたは、B駅に着いたお客様に対して電話で「A会館」までの道順を次のように説明します。あなたは今、「A会館」にいます。次の地図を見ながら答えなさい。

これから道順を言う①。駅の南口からまっすぐのびる大通りを進んでください。市役所を通り過ぎ、次の交差点を左に曲がってください。さらにそこから二つ目の角を右に曲がりますと、すぐ「A会館」のカンバンがある②。

そこでわたしは［　③　］。［　④　］。

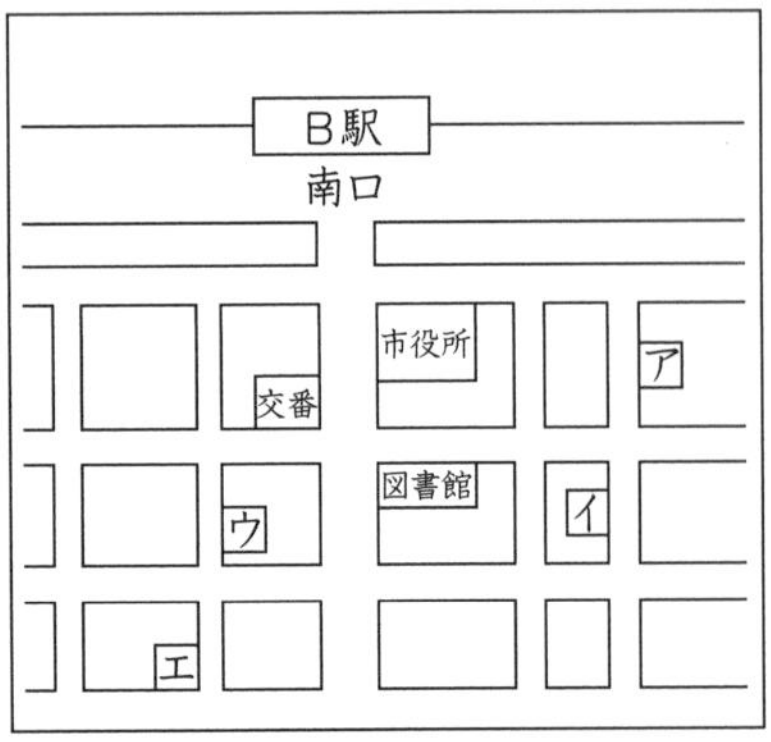

□(1) 文中の――線部①「言う」・②「ある」を敬語にあらためたとき、最もふさわしい表現を次の㋐～㋓から選び、それぞれの記号で答えなさい。

① ㋐ おっしゃいます　㋑ 申し上げます　㋒ 言いなさいます　㋓ お申し上げます

② ㋐ ございます　㋑ いらっしゃいます　㋒ おられます　㋓ おありになります

□(2) 文中の[③]・[④]にもっともふさわしい表現を次の㋐～㋓から選び、それぞれその記号で答えなさい。

③ ㋐ お待ちになります
㋑ お待ちになられます
㋒ お待ちしております
㋓ お待ちしてください

④ ㋐ おわかりになりましたか
㋑ おわかりしてください
㋒ おわかりなさいますか
㋓ おわかりいただきますか

□(3) この説明によると「A会館」はどこにあると考えられますか。地図上のア～エから選び、その記号で答えなさい。

---

**11** 次の(1)～(4)の――線部の中には、種類の異(こと)なる敬語がそれぞれ一つずつふくまれています。記号で答えなさい。

□(1) ㋐ お手紙を拝見する。　㋑ お礼を申し上げる。
㋒ お料理をめし上がる。　㋓ 明日お目にかかる。
㋔ お宅へうかがう。

□(2) ㋐ 絵画をご覧(らん)になる。
㋑ 学校へおいでになる。
㋒ 冗談(じょうだん)をおっしゃる。
㋓ 電話で用件をうけたまわる。
㋔ 休日はテニスをなさる。

□(3) ㋐「わたしは毎朝ご飯を食べます。」
㋑「ご両親によろしくお伝え下さい。」
㋒「お早いご到着(とうちゃく)ですね。」
㋓「ご心配をおかけいたします。」
㋔「すばらしいご判断です。」

□(4) ㋐「わたくしが店長です。」
㋑「どなたが代表のかたですか。」
㋒「わたくしどもがお世話いたします。」
㋓「何かありましたら小社へお電話いただけますか。」
㋔「粗品(そしな)ですが、お持ち帰り下さい。」

13 文法

# 誤文訂正

チャレンジ問題は本文157ページ～

自分が書いた文や、だれかによって書かれた文が、いつも正しいとは限らない。正しく書かれていない文は、その文を読んだ人が内容を誤解する可能性が高くなる。

自分が伝えたいことを相手に正しくとらえてもらうときや、相手が伝えたいことを正しくとらえるときには、誤った部分を直す必要がある。

誤って書かれている文を直すということを通して、正しい表現を身につけていこう。

## ★正しい表現を使えるようにしよう

誤った表現として、次のようなものがある。

① 主語と述語が正しく対応していない。

**例** わたしが一番うれしかったのは、テニス大会で優勝したのがうれしかった。

（「のがうれしかった。」を「ことだ」にすると正しくなる。）

② 読点（「、」）のつけ方によって、意味が二通りにとれる。

**例** わたしは笑いながら走る弟を追いかけた。

（読点をつけないと、「笑う」のが「わたし」なのか「弟」なのかが決まらない。）

③ 同じことを重ねて言っている。

**例** 電車に乗車する。（「電車に乗る。」が正しい。）

④ 「呼応の副詞」が正しく対応していない。

**例** わたしは決して試験に合格する。

（「決して」があると、後に打ち消しの意味を持つことばがこなければならない。）

⑤ 助詞、助動詞が正しくない。

**例** ジュースを飲んだり、お菓子を食べた。

（「食べた」を「食べたりした」にする。）

⑥ ことばの使い方が正しくない。

**例** 気の置けない人とは口もききたくない。
（「気の（が）置けない」とは「遠慮したり気をつかったりする必要がなく、心から打ち解けることができる。」という意味である。）

⑦ 漢字が正しくない。

**例** 王様が国を納める。（「治める」が正しい。）

**例** 絶対絶命のピンチだ。（「絶体絶命」が正しい。）

⑧ 送りがなが正しくない。

**例** 自分の行動を省りみる。（「省みる」が正しい。）

⑨ かなづかいが正しくない。

**例** 運動会が近ずいてきた。（「近づいて」が正しい。）

⑩ 敬語が正しくない。

**例** 先生がわたしの家にうかがう。（「いらっしゃる」が正しい。）

⑪ 誤字・脱字がある。

**例** わたしはなんでも食べれる。（「食べられる」が正しい。）

---

**例題1** **次の(1)～(6)の文はそれぞれどこかまちがっています。誤りを正しなさい。**

□(1) わたしが頭が痛いのは、かぜをひいたのです。

□(2) 太郎は泣きながら走っている次郎を追いかけた。

□(3) わたしは頭痛が痛い。

□(4) モーツァルトの音楽に感心をもっている。

□(5) 潔よく彼はあやまった。

□(6) こずつみがおぢさんからとどいた。

**解答**

(1) ひいたからです (2) 読点の場所を考える (3) 頭痛がする（頭が痛い） (4) 関心 (5) 潔く (6) こづつみ おじさん

**例題2** **次の(1)～(10)の文は、——線を引いた部分の言いまわしや、ことばのつなぎ方を直すと、わかりやすく、正しい文になります。例にならって、その部分を直して書きなさい。**

**例** 牛乳をスポイトで飲まします。→飲ませます。

□(1) 母が帰ってくるのは、いつも終列車で帰ってきます。

□(2) わたしはどうもそう考えられる。

□(3) わたしは医者にみてもらったらかぜだといった。

□(4) つながれている牛を見ると犬を思い出させます。

□(5) 横を見ると破れた旗が固まって捨（す）ててあった。

□(6) もっと安心して暮（く）らせる世の中になりたいものだ。

□(7) 体験記がいちばん興味深く読む。

□(8) 運動会に出れる人はなん人いますか。

□(9) わたしにも本を読まさせてください。

**解答**

(1) いつも終列車です　(2) わたしには　(3) かぜだといわれた　(4) 犬を思い出します　(5) 固めて捨ててあった　(6) 世の中にしたいものだ　(7) 興味深く読める　(8) 出られる　(9) 読ませてください

**例題3** 次の(1)~(5)の各文には、漢字の誤りが一つずつあります。誤った漢字をぬき出し、その下に正しい漢字を書きなさい。

□(1) 気省庁の台風情報を見る。

□(2) 現首相の指持率を調査する。

□(3) 国際機関への基付金。

□(4) 問題解決に勤める。

□(5) その功積に多くの期待がよせられた。

**解答**

(1) 省→象　(2) 指→支　(3) 基→寄　(4) 勤→努　(5) 積→績

**例題4** 次の(1)~(5)の文は、それぞれどこかまちがっています。そのまちがいを説明したものとして最もふさわしいものを後の㋐~㋔から選び、それぞれ記号で答えなさい（同じ記号は一度ずつしか使えません）。

□(1) ぼくは笑いながら走ってくる友人に「おはよう」と言った。

□(2) かれは約束を決して守るだろう。

□(3) この写真は、幼（おさな）い時のことを思い出します。

□(4) このゲームは難（むずか）しい。そして、こつをつかめば簡単（かんたん）だ。

□(5) わたしはアキが大好きだが、アキもわたしをきらっている。

㋐ 文と文をつなぐ言葉が適当ではない。

㋑ 一字まちがっているために全体の意味がおかしくなっている。

㋒ 主語と述語のつながりがおかしい。

㋓ ある言葉をうけて、必ずうしろにくるはずの言葉がない。

㋔ 読点がないために、意味が二通りにとれてしまう。

**解答**

(1) ㋔　(2) ㋓　(3) ㋒　(4) ㋐　(5) ㋑

# 13 文法

# 誤文訂正

## ―チャレンジ問題―

解答は別冊11ページ

**1** 読点（、）の位置一つで意味がちがってくることがあります。（　）の中のことがらに合うように⑴・⑵の文に読点をそれぞれ一つつけなさい。（読点は文字と文字の間に……○、○……のようにつけなさい。）

□⑴ ぼくは涙(なみだ)を流して再会を喜ぶ親友の手をにぎった。
……（とつけると、涙を流しているのが「親友」になる）

□⑵ ぼくは涙を流して再会を喜ぶ親友の手をにぎった。
……（とつけると、涙を流しているのが「ぼく」になる）

**2** 次の⑴～⑸の文の書き方に誤(あやま)りがあったら、～～線の部分を書きかえて、正しい文に直しなさい。なお、誤りがなければ、○をつけなさい。

□⑴ わたしは、遠くからながめていました。なぜなら、それはとてもおそろしそうだった。

□⑵ 「省エネ」という活字が、近ごろ新聞をにぎわすようになった。

□⑶ わたしは、この本を読んで、主人公はとてもがまん強い人でした。

□⑷ 寒かったので、セーターとぼうしをかぶって学校へ行った。

□⑸ わたしがそれを初めて知ったのは、小学校二年生からでした。

**3** 次にあげる⑴～⑸の文には、いい方の不適当なところがそれぞれ一か所あります。その部分をあげて正しく書き直しなさい。ただし――線部は正しいものとします。

□⑴ 遠足では、いろいろな所を見学したり風景をスケッチした。

□⑵ この絵は、わが子なりにいっしょうけんめいかかれた作品であると思う。

□⑶ 家にいないとき、ともだちがたずねて来たということだが、たぶん同級生のけんじ君にきまっている。

□⑷ 巨大国の行きすぎは世間の物議をこらしている。

□⑸ さしさわりがあり、計画はすべて白紙に書くことになった。

**4** 次の(1)～(4)にあてはまるものを、㋐～㋕の中から、それぞれ一つずつ選び、記号で答えなさい。

□(1) つなぎのことばの使い方がおかしい。
□(2) 同じ意味のことばが重なっている。
□(3) 主語と述語が対応していない。
□(4) 助詞(じょし)の使い方がおかしい。

㋐ 雪が降(ふ)った。しかし、そんなに積もらなかった。
㋑ バラの花が美しく庭を咲(さ)きほこっている。
㋒ 雨があがった。それなのに丸い月が出た。
㋓ 最近、母はからだの体調が悪くてこまっています。
㋔ ぼくは小学校の先生のことが忘(わす)れられません。
㋕ わたしは、この本を君が読んだらおもしろくてやめられないだろう。

**5** 次の各文にはまちがった漢字が一字入っているかもしれません。まちがいがなければ○印、まちがいがあれば、例にならってその一字を正しい漢字にあらためなさい。

〔例〕・電話ではていねいに応待して下さい。　〔答〕待→対

□(1) 会議の決論を出す。
□(2) 本の目示で調べてみなさい。
□(3) 予習復習をしっかりとやりなさい。
□(4) 絶対絶命のピンチに立つ。
□(5) 貯金をするように勧告(かんこく)する。
□(6) 君の考えは利個主義というものだ。
□(7) この学校に君はどういう印象をもちましたか。
□(8) 雪の積もった住来をそりが行く。
□(9) 終着駅のホームには週間誌(し)や新聞紙が散乱(さんらん)している。
□(10) 戦争をくり返して領土を拡張(かくちょう)してきた。

**6** 次の(1)～(4)の文には、まちがったことばづかいや、不完全な表現が一か所ずつあります。例にならって、その部分をぬき出し、正しく直しなさい。

〔例〕石の上にも二年といいます。しんぼうなさい。
〔答〕二年→三年

□(1) こうかたくては、歯の悪いわたしには食べれない。
□(2) 冬休みで一番楽しかったのは、家族全員でスキーを楽しんだ。
□(3) 先生が参るまで、このままお待ちしましょう。
□(4) 弟はいかにもきまり悪そうに、そわそわして下を向いていた。

**7** 次の各文は、一か所直せば内容は変わらずに正しい文になります。直す部分の記号と、直したいい方を答えなさい。

□(1) いくら㋐—たのんだが㋑—ひきうけて㋒—くれ㋓—なかった㋔。

□(2) こういう㋐—ときの㋑—あなたを㋒—いちばん㋓—いやなのだ㋔。

□(3) もっと㋐—安心して㋑—くらせる㋒—世の中に㋓—なりたい㋔—ものだ㋕。

□(4) 父が㋐—明日は㋑—でかけると㋒—おっしゃいました㋓。

□(5) わたしが㋐—この本を㋑—読んで㋒—感じたのは㋓—主人公は㋔—どんなことにも㋕—くじけない㋖—りっぱな㋗—人だと㋘—思いました㋙。

**8** □次の①〜⑧の文中からかなづかいの正しい文を三つ選び、番号で答えなさい。

① おかあさんのおっしゃったとうりです。
② 自分のへやは自分でかたづけよう。
③ 人口がいちじるしく増加する。
④ 山がくづれて、家がうずまってしまった。
⑤ 話し合いの結果に基ずいて予算が決定される。
⑥ 今日のつづきは明日やろう。
⑦ 電車でおぢいさんに席をゆずった。
⑧ 母の問いかけに、ぼくはうなづいた。

**9** 次の各文について、内容・表現・文字などが正しいものに○印を、またどこかが正しくないものには×印をつけなさい。

□(1) かろうじて家が火事になった。

□(2) 秋の日はつるべ落としといって、すぐに日が暮(く)れてしまう。

□(3) すみませんがもうしばらくお待ちしてください。

□(4) 寒かったので今朝(けさ)はなかなか起きれなかった。

□(5) 学校で習ったとおりのことを覚えている。

□(6) 父も母も明日は学校に来られないと申しております。

□(7) 人のうわさも六十五日というから、今に忘れられてしまう。

□(8) 「比」は四画で、「糸」は六画だということは辞書で確(たし)かめた。

□(9) 視力(しりょく)が弱いので後ろの方からではよく見れません。

□(10) 雪が降りつづいているので、かなり積もるだろう。

**10** 「 」(かぎかっこ)の使い方にはいろいろあります。次の①〜④の使い方を、それぞれ説明しなさい。

□①「この本、読んでごらん。」と言って、父が一さつの本をわたした。それは、□②「日本列島のおいたち」という本で、さっそくわたしは読み始めた。その本には、□③「大むかし、日本列島は海の底だった。」と書かれていた。わたしは、□④「地球は生きているのだな。」と思った。

**11** 次の文は、それぞれどこかに誤りがあります。どこに誤りがあるか、後から一つずつ選びなさい。

□(1) 服を着て庭に出てみました。けれどもいません。

□(2) わたしがきのう学校を休んだのは、かぜで熱が出た。

□(3) お母さんの言ったとうりに手伝ったので、私はおこずかいをもらいました。

□(4) ぼくたちは冬休みに、始めて富士山(ふじ)に上りました。

□(5) 先生が、明日私の家に参られます。

□(6) ぼくは大声でさけびながらにげる男を追いかけていった。

㋐ 主語がぬけている
㋑ 句点がぬけている
㋒ 接続語（つなぎのことば）がぬけている
㋓ 述語が不完全である
㋔ 読点のつけ方によって意味がちがってくる
㋕ 述語が重なっている
㋖ 敬語(けいご)の使い方が誤っている
㋗ かなづかいが誤っている
㋘ 送りがなが誤っている
㋙ 漢字の使い方が誤っている

---

**12** □ 次の文章には、書き直さなければならない漢字が、十字あります。それらをぬき出して書き直しなさい。

ぼくのクラブでは、小数意見を尊長し、卒業記念として、一万メートル競争で授賞した水陸両様車の模形を作った。前から関心を持っていたので、絶対にまけないぞと必至にやり、その報告書もきちんと正書して提出し、大成功だった。対照的なのは、かれのクラブだった。結極、失敗し、クラブそのものも空中分会した。

**13** 次の(1)～(4)の語の使い方の正しいものを一つ選びなさい。

□(1) つのる

㋐ つのる時には自分でもほとんど気づかない。
㋑ 私がいちばん好きなのは、心がつのる時だ。
㋒ 足がつのってきてころんでしまった。
㋓ 不安とあせりがつのるばかりだ。

□(2) 息をのむ

㋐ だまって息をのんでいてはいけない。
㋑ へやに入ると私ははっと息をのんだ。
㋒ 息をのみながら食べたので胸(むね)がつかえた。
㋓ とつぜんおどろかされたので息をのんでしまった。

□(3) 心ない

㋐ どうぞ心なくめしあがってください。

㋑ 花を折りすてるなんて心ない者のしわざだ。

㋒ 晴れるかどうか心ない思いで空をながめた。

㋓ 心ない時に声をかけられたのでびっくりした。

□(4) ひたすら

㋐ 気がむいたらひたすらたずねてきなさい。

㋑ 校門のところを弟が走ってくるのがひたすら見えた。

㋒ 船が風をうけてひたすらしずみそうだ。

㋓ 優勝するためひたすら練習した。

**14** 次の各文の説明として適切なものを㋐～㋕の中から選び、記号で答えなさい。

□(1) わたしがAさんと親しくなったのは、近所に引っ越していらっしゃった時からです。

□(2) わたしはここに何の関心もなくなり、出ることを決心させた。

□(3) 第二次世界大戦中は、食べる物もなくてこまるだろうと思う。

□(4) この問題は以外とやさしい。

□(5) 先生、これは兄が買ってきてくださったおみやげです。

㋐ 漢字にまちがいがある

㋑ 送りがなにまちがいがある

㋒ まちがいがない

㋓ 敬語の用い方にまちがいがある

㋔ 過去の言い方に直さなければならない部分がある

㋕ 主語と述語の関係がおかしい

**15** 次の(1)～(5)の文のまちがいは何ですか。後の㋐～㋖の中から選び、記号で答えなさい。

□(1) わたしはあわててころんだ子どもをだきおこした。

□(2) まず一番最初は村長さんがお話しになります。

□(3) 校長先生が申されたようにみなさんはあすから休みです。

□(4) 東京駅へ行かれる人は二番線から発車します。

□(5) とても快よい風がそよそよと吹いてくる。

㋐ 漢字が正しくない

㋑ 同じことを重ねていっている

㋒ 送りがなが正しくない

㋓ 敬語が正しく使われていない

㋔ 意味が二通りにとれる

㋕ 主語と述語が正しく対応していない

㋖ かなづかいが正しくない

## 回　たいせつなことがらを書いておきましょう。

回　たいせつなことがらを書いておきましょう。

回　たいせつなことがらを書いておきましょう。

中学受験用

# 完成 語句文法

改訂新版

解答

NICHINOKEN BOOKS

# 01 熟語の組み立て・読み方

語句・知識

問題は8〜19ページ

**1** (1)オ、キ　(2)ウ、ク　(3)イ、ケ　(4)カ、コ　(5)ア、エ

**2** (1)イ、エ　(2)オ、カ　(3)ウ、ケ　(4)ア、ク　(5)キ、コ

**3** (1)ウ　(2)エ　(3)イ　(4)カ　(5)ア　(6)オ

**4** (1)イ　(2)エ　(3)オ　(4)ア　(5)カ　(6)ウ

**5** (1)エ　(2)オ　(3)ア　(4)イ　(5)ウ

**6** (1)エ　(2)イ

**7** (1)オ　(2)イ　(3)ウ　(4)カ　(5)ア　(6)オ　(7)イ　(8)カ　(9)エ　(10)エ　(11)ア　(12)ウ

**8** (1)ア　(2)ウ　(3)エ　(4)イ

**9** (1)①買　②同　③富　④私
(2)歓喜　解放　絵画　勤務
(3)①イ　オ　キ　ク　②ア　ウ　エ　カ
(4)①特別急行　②原子力発電所　③農業協同組合

**10** (1)コ、セ　(2)カ、シ　(3)サ、ス　(4)ア、イ　(5)ウ、ケ　(6)ソ、タ　(7)オ、キ　(8)エ、ク

**11** (1)復(来)　(2)捨　(3)因

**12** (1)非　(2)無　(3)不

**13** (1)エ　(2)イ　(3)ア　(4)ウ　(5)エ

**14** (1)短　(2)低　(3)敗(負)　(4)末　(5)減　(6)開　(7)発　(8)貸　(9)往　(10)損

**15** (1)飲食　(2)平安　(3)無事　(4)卒業式

**16** (1)不　(2)未　(3)無　(4)非　(5)未

**17** ①非　②無　③非　④未　⑤未　⑥無(不)　⑦未　⑧不　⑨無　⑩不

**18** (1)全　(2)平　(3)社　(4)画　(5)作

**19** (1)ア幸　イ港　ウ口　エ興　オ効
(2)ア関　イ看　ウ管　エ歓　オ観
(3)ア操　イ倉　ウ奏　エ相　オ層
(4)ア招　イ焼　ウ唱　エ承　オ障
(5)ア汽　イ記　ウ器　エ危　オ季

**20** 〔熟語は解答例〕
(1)(つく)⇩到着　(きる)⇩着衣
(2)(ふる)⇩降雨　(おりる)⇩降下
(3)(おもい)⇩重傷　(かさねる)⇩重箱
(4)(いく)⇩行進　(おこなう)⇩行動
(5)(いきる)⇩生活　(うむ)⇩生産

**21** (1)主↔従　主—義
(2)質—問　答↔質
(3)順↔逆　順—次
(4)後—退(進)　進(退)↔後
(5)納↔出　納—得

**22** (1)所→所、効→効
(2)写→写、現→現
(3)見→見、価→価

**23** (1)非　(2)無　(3)未　(4)不

**24** 〔熟語は解答例〕
(1)リョク・動力　リキ・力士
(2)ゲン・元気　ガン・元来
(3)ボ・規模　モ・模型
(4)ダイ・強大　タイ・大洋
(5)サク・創作　サ・操作

**25** 〔解答例〕
(1)食　人
(2)成　結
(3)字　日
(4)客　年
(5)行　用

**26** (1)ア補　イ勤

(2)㋒急　㋓校
(3)㋔始　㋕表
(4)㋖案　㋗容

**27**
〈解答例〉
㋐高　㋑地　㋒平
㋓面　㋔接　㋕待　㋖機
㋗会　㋘合　㋙計

**28**
(1)㋓　(2)㋙　(3)㋔　(4)㋛
(5)㋐　(6)㋘　(7)㋒　(8)㋖
※(1)・(2)、(3)・(4)、(5)・(6)、(7)・(8)はそれぞれ順不同

**29**
(1)配　(2)進　(3)気　(4)発

**30**
(1)①㋐　②㋑　③㋓
(2)①楽　②日　③格

**31**
①空　②分　③作　④念
⑤安

**32**
①傷　②誌　③腹　④群
⑤盟

**33**
①類　②測　③評　④戦
⑤投

**34**
〈熟語は解答例〉
(1)①リョク・水力
②リキ・力点
(2)①シ・子孫
②ス・様子

(3)①サク・作物
②サ・発作
(4)①カ・家宝
②ケ・出家
(5)①ガク・楽器
②ラク・行楽

**35**
(1)㋐　(2)㋒　(3)㋐　(4)㋓
(5)㋒　(6)㋒　(7)㋓　(8)㋑
(9)㋓　(10)㋑

**36**
(1)(B)　(2)(A)　(3)(C)　(4)(C)
(5)(B)　(6)(C)　(7)(A)　(8)(A)
(9)(B)　(10)(B)

**37**
(1)A　(2)A　(3)B　(4)B
(5)B　(6)A　(7)A　(8)A

**38**
(1)にわき・㋑
(2)しんがた・㋒
(3)ながねん・㋓
(4)しあい・㋒
(5)ものおき・㋑

**39**
(1)㋐　(2)㋓　(3)㋒　(4)㋑
(5)㋐

**40**
(1)㋓・かおく
(2)㋒・みょうじ
(3)㋑・せけん
(4)㋐・とうみょう
(5)㋓・ていさい

**41**
(1)㋐　(2)㋐　(3)㋑　(4)㋑
(5)㋑　(6)㋒　(7)㋓　(8)㋓
(9)㋒　(10)㋓

## 02 語句・知識 同義語・対義語

問題は22〜25ページ

**1**
(1)単純　(2)結果　(3)間接

**2**
(1)㋔　(2)㋒　(3)㋕
(4)㋐　(5)㋓　(6)㋑

**3**
(1)成功　(2)義務　(3)感情
(4)客観　(5)現実　(6)賛成
(7)結果　(8)未来　(9)複雑
(10)内容

**4**
(1)複雑　(2)理想　(3)未来
(4)失敗　(5)減少

**5**
(1)解散　(2)需要　(3)拡大
(4)賛成　(5)独創

**6**
(1)①収入　②支出
(2)①許可　②禁止
(3)①支配　②服従
(4)①強大　②弱小
(5)①複雑　②単純

**7**
①㋗　②㋛　③㋖　④㋑
⑤㋙　⑥㋕　⑦㋝　⑧㋓
⑨㋐　⑩㋘　⑪㋔　⑫㋒
⑬㋚　⑭㋜　⑮㋞

**8**
(1)勝利　(2)積極　(3)苦痛
(4)出発　(5)供給

**9**
(1)大切(重要)　(2)特別
(3)方法　(4)欠点　(5)心配

**10**
(1)解散　(2)義務　(3)心配
(4)生産　(5)短縮　(6)破壊
(7)偶然　(8)需要　(9)帰着
(10)損失

**11**
(1)復(来)　(2)閉　(3)売
(4)退　(5)暗

**12**
(1)原因　(2)客観　(3)義務
(4)不自然　(5)未解決

**13**
(1)損失　(2)人工　(3)形式
(4)強健　(5)困難　(6)消費

**14**
(1)㋑—㋔　(2)㋑—㋓
(3)㋐—㋑　(4)㋒—㋓
(5)㋐—㋔

**15**
(1)㋑　(2)㋓　(3)㋕　(4)㋔

**16**
(〇・□)
(1)㋗・欠　(2)㋖・能
(3)㋔・相　(4)㋕・順
(5)㋑・就　(6)㋒・好

(7)㋘・楽　(8)㋓・決

**17**
(1)A義　B権
(2)A簡　B複
(3)A費　B産
(4)A孫　B祖
(5)A開　B秘

## 03 語句・知識 同音異義語・同訓異字

問題は29～33ページ

**1**
(1)㋐解放　㋑開放　㋒快方
(2)㋐対称　㋑対照　㋒隊商
(3)㋐反省　㋑半生
(4)㋐創造　㋑想像

**2**
(1)始　(2)初　(3)納　(4)治
(5)絶

**3**
(1)所用・所要　(2)無情・無常
(3)必死・必至　(4)関心・感心

**4**
(1)経・減　(2)厚・熱・暑
(3)冷・覚

**5**
(1)絶・断
(2)量・計
(3)移・写・映
(4)努・勤

**6**
(1)①修　②治
(2)①進　②勧
(3)①効　②利
(4)①誤　②謝
(5)①整　②調

**7**
(1)①応対　②横隊
(2)①減少　②現象
(3)①修正　②習性

**8**
(1)㋐変　㋑代
(2)㋐解　㋑説
(3)㋐測　㋑量　㋒計
(4)㋐立　㋑建　㋒絶

**9**
(1)①供　②備
(2)③負　④任
(3)⑤勤　⑥務　⑦努
(4)⑧治　⑨納　⑩修

**10**
(1)㋐解　㋑説
(2)㋐努　㋑勤
(3)㋐進　㋑勧
(4)㋐修　㋑治
(5)㋐利　㋑効

**11**
(1)㋐同好　㋑動向
(2)㋐永世　㋑衛生
(3)㋐改修　㋑回収
(4)㋐初心　㋑所信
(5)㋐器械　㋑機会

**12**
(1)㋑　(2)㋐　(3)㋑　(4)㋒
(5)㋑　(6)㋑　(7)㋐　(8)㋑
(9)㋒　(10)㋑

**13**
(1)a㋒　b㋑　c㋐
(2)a㋑　b㋒　c㋐
(3)a㋐　b㋒　c㋑
(4)a㋐　b㋑　c㋒
(5)a㋑　b㋐　c㋒
(6)a㋒　b㋐　c㋑
(7)a㋐　b㋒　c㋑
(8)a㋒　b㋐　c㋑
(9)a㋐　b㋒　c㋑
(10)a㋑　b㋒　c㋐

**14**
(1)a対象　b対照
(2)a名案　b明暗
(3)a会心　b改心
(4)a事典　b辞典

## 04 語句・知識 四字熟語

問題は36～41ページ

**1**
(1)一部始終　(2)能率低下
(3)国際親善　(4)植物採集
(5)千差万別　(6)修学旅行
(7)横断歩道　(8)需要供給
(9)建築資材　(10)異口同音

**2**
①㋒　②㋕　③㋙　④㋐
⑤㋔　⑥㋗　⑦㋑　⑧㋘
⑨㋖　⑩㋓

**3**
(1)口・いくどうおん
(2)進・にっしんげっぽ
(3)未・ぜんだいみもん
(4)肉・じゃくにくきょうしょく
(5)回・きしかいせい
(6)材・てきざいてきしょ
(7)単・たんとうちょくにゅう
(8)以・いしんでんしん
(9)空・くうぜんぜつご
(10)晩・たいきばんせい

**4**
(1)日進月歩　(2)明朗
(3)誠実　(4)無我夢中

(5)天然資源

**5**
(1)二鳥　(2)直入　(3)応変
(4)不乱

**6**
(1)油断　(2)挙・得
(3)単刀　(4)創意
(5)以・伝　(6)同・異

**7**
(1)千　(2)八　(3)百　(4)万
(5)八

**8**
（異なる熟語―成り立ち）
(1)ウ―4　(2)オ―2
(3)エ―5　(4)ウ―1
(5)イ―3

**9**
①不―ウ　②棒―オ
③周―イ　④絶―エ
⑤画―ア

**10**
①深海　②国立　③給油
④新旧　⑤願望

**11**
(1)質疑応答―イ
(2)郷土芸能―ウ
(3)大同小異―イ
(4)公平無私―ア
(5)起承転結―エ

**12**
(1)無我夢中　(2)古今東西

**13**
（漢字―意味）
(1)付―オ　(2)単―イ

---

(3)道―キ　(4)秋―ウ
(5)疑―エ

**14**
（漢字―記号）
(1)絶―オ　(2)倒―イ
(3)意―ウ　(4)給―エ
(5)臨―ア

**15**
①セ　②ソ　③ア　④コ
⑤サ　⑥ク　⑦エ　⑧カ
⑨ウ　⑩ス

**16**
(1)オ　(2)ウ　(3)カ　(4)キ
(5)イ

**17**
（A―B）
②―カ・④―ア
⑤―ク・⑥―オ

**18**
(1)⑤　(2)⑪　(3)②　(4)①
(5)⑩　(6)⑨　(7)⑤
(8)④・⑬

**19**
(1)ア　(2)エ　(3)イ　(4)ウ

**20**
（漢数字―意味）
(1)一・千―イ
(2)五・六―エ
(3)二・三―カ
(4)一・一―オ
(5)七・八―ウ

---

## 05 語句・知識 ことわざ・慣用句

問題は56～75ページ

**1**
(1)カ　(2)ア　(3)キ　(4)イ
(5)エ

**2**
(1)カ　(2)ウ　(3)イ　(4)エ
(5)キ

**3**
(1)エ G　(2)カ C　(3)オ B
(4)ア D　(5)キ A

**4**
(1)ウ　(2)カ　(3)キ　(4)ア
(5)エ

**5**
(1)鼻　(2)足　(3)耳　(4)手
(5)舌

**6**
(1)ク　(2)カ　(3)エ　(4)イ
(5)キ　(6)オ

**7**
(1)エ　(2)ク　(3)オ　(4)コ
(5)イ

**8**
①ウ　②カ　③イ　④ケ
⑤ア　⑥コ　⑦エ　⑧オ
⑨ク　⑩キ

**9**
(1)足　(2)鼻　(3)腹　(4)耳
(5)手

**10**
(1)カ　(2)イ　(3)ウ　(4)ア
(5)エ　(6)オ

**11**
(1)イ　(2)カ　(3)コ　(4)オ

---

(5)ソ　(6)ウ　(7)サ　(8)タ
(9)ケ　(10)ア

**12**
(1)キ　(2)ア　(3)ケ　(4)オ
(5)ク

**13**
(1)虫オ　(2)砂ウ　(3)鳥エ
(4)善ア　(5)横イ

**14**
(1)キ　(2)ア　(3)コ　(4)エ
(5)カ

**15**
(1)非常にかわいがること
(2)何度も同じことを聞かされてうんざりすること
(3)つらいこともがまんすればいいことがあるということ

**16**
(1)ウ　(2)キ　(3)エ　(4)ア
(5)カ

**17**
(1)期待　(2)得意　(3)利口
(4)降参　(5)予感

**18**
(1)た、ク　(2)そ、チ
(3)せ、ケ　(4)あ、コ
(5)す、タ　(6)い、ウ
(7)し、キ　(8)さ、イ
(9)う、サ　(10)お、シ
(11)え、ア　(12)ち、ソ

(13)(こ)、㋡ (14)(け)、㋕
(15)(と)、㋢ (16)(き)、㋣
(17)(く)、㋔ (18)(て)、㋝
(19)(つ)、㋜ (20)(か)、㋓

**19**
(1)㋖ (2)㋒ (3)㋗ (4)㋑
(5)㋓ (6)㋕ (7)㋘

**20**
(1)つける (2)はずす
(3)まげる (4)ぬい
(5)とる

**21**
(1)㋟ (2)㋒ (3)㋘ (4)㋖

**22**
(1)㋒—手 (2)㋑—口
(3)㋓—足 (4)㋐—舌

**23**
(1)㋑と㋔ (2)㋐と㋓
(3)㋒と㋓

**24**
(1)虫 (2)水 (3)歯 (4)火
(5)息

**25**
(1)かっぱ—㋒
(2)どんぐり—㋓
(3)かわず—㋗
(4)わら—㋑ (5)あわ—㋔

**26**
(1)不備 (2)立腹 (3)意外
(4)油断 (5)美人 (6)決着
(7)降参 (8)予感 (9)保証
(10)親密

**27**
(1)㋙ (2)㋑ (3)㋕ (4)㋓
(5)㋗

**28**
(1)つる (2)たぬき
(3)きつね (4)さる
(5)うま

**29**
(漢字—意味)
(1)音—㋓ (2)根—㋒
(3)比—㋐ (4)非—㋔
(5)火—㋑

**30**
(1)気 (2)毛 (3)戸 (4)目
(5)地

**31**
(1)たつ (2)すえる
(3)かす (4)たかい

**32**
(Ⅰ—Ⅱ)
(1)㋒—欠点 (2)㋑—利益
(3)㋖—実利 (4)㋓—忠告
(5)㋐—幸運

**33**
①絵 ②音 ③歯 ④実
⑤荷 ⑥真 ⑦身 ⑧粉
⑨差 ⑩苦

**34**
(1)①犬 ②ねこ
③たぬき ④すずめ
(2)㋓ (3)㋓

**35**
(1)雨 (2)風 (3)雲 (4)嵐
(5)台風

**36**
(1)低 (2)広 (3)痛 (4)高

**37**
(1)㋐ (2)㋒ (3)㋑ (4)㋑
(5)㋒

**38**
(1)㋔ (2)㋐ (3)㋓ (4)㋒

**39**
(1)おうむ (2)とら
(3)ねずみ (4)ねこ
(5)たか

**40**
(1)○ (2)× (3)○
(4)(空欄) (5)△

**41**
(漢字—意味)
(1)三—㋓ (2)臨—㋗
(3)板—㋘ (4)東—㋔
(5)万—㋙ (6)棒—㋐
(7)赤—㋒ (8)千—㋖
(9)腕—㋑ (10)歯—㋕

**42**
(記号—漢字)
(1)㋒—目 (2)㋐—手
(3)㋑—肩 (4)㋑—腹
(5)㋐—顔

**43**
(1)㋑ (2)㋑ (3)㋒ (4)㋒
(5)㋒ (6)㋑ (7)㋒ (8)㋑
(9)㋐ (10)㋒

**44**
(1)腹・㋓ (2)舌・㋗
(3)歯・㋖ (4)鼻・㋔
(5)胸・㋕ (6)手・㋒
(7)指・㋐ (8)足・㋑

**45**
(1)用心 (2)不快 (3)幸運
(4)危険 (5)味方

**46**
(1)へびににらまれたかえる
(2)あぶはちとらず
(3)とらのいをかるきつね
(4)とびがたかをうむ
(5)うのまねをするからす

**47**
(1)㋐下手の横好き ㋑横車を押す ㋒横紙破り
(2)㋐油を売る ㋑油をしぼる ㋒火に油を注ぐ
(3)㋐負け犬の遠ぼえ ㋑犬も歩けば棒に当たる ㋒飼い犬に手をかまれる

## 06 語句・知識 重要なことば

問題は82~93ページ

**1**
(1)㋕ (2)㋓ (3)㋑ (4)㋗
(5)㋒

**2**
(1)㋖ (2)㋕ (3)㋐ (4)㋗
(5)㋓ (6)㋘ (7)㋔ (8)㋙
(9)㋒ (10)㋑

**3** (1)没頭 (2)厳守 (3)成就 (4)精読 (5)特長

**4** (1)キ (2)カ (3)ケ (4)コ (5)イ (6)オ (7)ア (8)エ (9)シ (10)ク

**5** (1)ごういん (2)いさぎよ (3)へいぜい (4)なんい (5)えとく (6)やわ (7)ばんにん (8)ふる (9)とな (10)そこう

**6** (1)エ (2)イ (3)イ (4)ア

**7** (1)カ (2)コ (3)キ (4)サ (5)ケ (6)イ (7)ソ (8)ウ (9)エ (10)ス

**8** (1)ウ (2)イ (3)ウ (4)エ

**9** (1)カ (2)ア (3)オ (4)エ (5)キ (6)コ

**10** (1)かいがいしく (2)ふるまっ (3)しつらえ (4)いじらしく (5)ためらっ (6)なごむ (7)つつましく (8)わずらわしい

**11** (1)キ (2)イ (3)オ (4)カ (5)コ (6)ケ

---

**12** (1)キ (2)オ (3)ケ (4)ウ (5)ア (6)ス

**13** (1)期待 (2)貴重 (3)非難 (4)痛感 (5)再起 (6)簡潔 (7)展開 (8)複雑 (9)独断 (10)興奮

**14** (1)コ (2)エ (3)ア (4)オ (5)ケ (6)キ

**15** 〈解答例〉 ①壁に絵をかけました。 ②ふとんをかけました。 ③とちゅうまで言いかけました。 ④レコードをかけました。 ⑤二に三をかけました。 ⑥かぎをかけました。

**16** (1)オ (2)キ (3)ケ (4)エ (5)イ (6)カ (7)ク

**17** (1)エ (2)カ (3)キ (4)イ (5)ア

**18** (1)オ (2)エ (3)カ (4)ウ (5)ク

**19** (1)用 (2)示 (3)実 (4)康 (5)相 (6)労 (7)辞 (8)敗

---

**20** (1)和　立 (2)確　果 (3)想　解 (4)等　称 (5)示　望 (6)測　察 (7)回　往

**21** (1)混雑 (2)安静 (3)予約 (4)停留所 (5)自給自足

**22** (1)修理 (2)保管 (3)興奮 (4)出版 (5)危険

**23** (1)推移 (2)義務 (3)観察 (4)予防

**24** (1)口 (2)不 (3)応 (4)周 (5)示 (6)美 (7)密 (8)置

**25** (1)軽快 (2)操縦 (3)考案 (4)簡易 (5)補修 (6)先覚者 (7)健在 (8)製造 (9)共鳴 (10)専念

**26** (1)世論 (2)口調 (3)反省 (4)義務 (5)複雑

**27** (1)安 (2)画 (3)関 (4)制 (5)簡 (6)見 (7)最 (8)助

**28** (1)許可 (2)訪問 (3)服従 (4)延期 (5)招待 (6)不足 (7)印刷 (8)尊敬 (9)救助 (10)交差

---

**29** (1)すくわ (2)おしま (3)うかがわ (4)しのば (5)あやぶま

**30** (1)ところどころ (2)うつらうつら (3)かえすがえす (4)おもいおもい (5)あれよあれよ

**31** (1)ら (2)ど (3)べ (4)き (5)く (6)み

**32** (1)①A ②C (2)①B ②× ③A (3)①C ②B ③E

**33** (1)エ (2)エ (3)オ

## 07 語句・知識 六書・部首・筆順・画数

問題は96〜103ページ

**1** (1)教 (2)消 (3)脈 (4)生

**2** ①化 ②北 ③算 ④並 ⑤美

**3** (1)11画 (2)12画 (3)7画 (4)12画 (5)9画 (6)15画

**4** (1)構 (2)納 (3)得

**5**
(1)清(晴) (2)績 (3)経(径)

**6**
(1)復・腹・複 (2)険・検・験 (3)精・清・晴 (4)織・職・識 (5)境・鏡 (6)浴・俗 (7)観・歓 (8)税・説 (9)層・増 (10)側・測 (11)績・積 (12)理・裏 (13)講・構

**7**
(1)㋖ (2)㋓ (3)㋒ (4)㋓ (5)㋑

**8**
(1)刀 (2)幺 (3)亍 (4)千 (5)阝

**9**
(1)①Ⓓ ②Ⓑ ③Ⓔ ④Ⓒ ⑤Ⓐ
(2)①㋑ ②㋛ ③㋔ ④㋜ ⑤㋢
(3)①㋡ ②㋣ ③㋖ ④㋕ ⑤㋗

**10**
(1)6 (2)2 (3)9

**11**
(1)㋔ (2)㋒ (3)㋕ (4)㋓

**12**
(1)りっとう・六画 (2)くにがまえ・十画 (3)あなかんむり・二画 (4)まだれ・七画 (5)そうにょう・三画

**13**
(1)2 (2)7 (3)5

**14**
(1)3 (2)4

**15**
(1)心 (2)金銭 (3)水 (4)身体 (5)道

**16**
(1)庫・洋 (2)有・右 (3)衆・楽 (4)毎・船

**17**
(1)㋒ (2)㋐ (3)㋙ (4)㋔ (5)㋔・㋖ (6)㋐・㋛

**18**
(1)10 (2)18 (3)11 (4)10 (5)12

**19**
〈解答例〉
(1)利 (2)複雑 (3)性格

**20**
(1)5 (2)5

**21**
(1)4 (2)9 (3)5

**22**
(1)しんにょう(しんにゅう) (2)かたな (3)おおざと (4)ぎょうがまえ(ゆきがまえ) (5)くさかんむり

**23**
(1)十三画 (2)十五画 (3)十七画 (4)㋒ (5)㋗ (6)㋓ (7)㋕

**24**
(1)艹・くさかんむり (2)刂・りっとう (3)言・ごんべん (4)口・くにがまえ (5)貝・かい(こがい) (6)广・まだれ

**25**
(1)やまいだれ・10 (2)こざとへん・10 (3)ごんべん・13 (4)のぎへん・9 (5)しんにょう(しんにゅう)・11

**26**
①

**27**
(1)廴・えんにょう (2)米・こめへん (3)土・つち (4)玄・げん (5)欠・あくび

**28**
(1)4 (2)6

**29**
(1)7 (2)5 (3)3 (4)4 (5)9

**30**
(1)訪問 (2)相応 (3)寺社

**31**
(1)二 (2)四 (3)三 (4)四 (5)六

**32**
(1)①㋥ ②㋑ (2)十八(画) (3)下図

**33**
(1)賀 (2)温 3数 (4)筋 (5)案

**34**
㋐② ㋑⑦ ㋒③ ㋓⑥

## 08 語句・知識 文学史

問題は106～110ページ

**1**
(1)㋔ (2)㋒ (3)㋑ (4)㋐ (5)㋓

**2**
(1)㋖ (2)㋓ (3)㋕ (4)㋔ (5)㋒

**3**
(1)㋐ (2)㋖ (3)㋓ (4)㋗ (5)㋒

**4**
㋐C ㋑B ㋒G ㋓J ㋔F

**5**
(1)㋑、⑩ (2)㋒、① (3)㋐、④ (4)㋓、⑦ (5)㋑、⑥

**6**
(1)吉田兼好 (2)万葉集 (3)奈良 (4)奥の細道 (5)随筆 (6)平安

**7**
(1)㋓ (2)㋐ (3)㋔ (4)㋒ (5)㋑

**8** A㋒　B㋑　C㋒　D㋔

**9** (1)㋒㋑㋓㋐㋔　(2)㋓紫式部　㋔芥川龍之介　(3)㋒

**10** (1)㋒　(2)㋑　(3)㋐

**11** (1)㋑、㋕　(2)㋓、㋘　(3)㋐、㋖　(4)㋒、㋗

**12** (1)きのつらゆき　(2)こばやしいっさ　(3)もりおうがい　(4)いしかわたくぼく　(5)ひぐちいちよう

**13** (1)㋕　(2)㋑　(3)㋓

**14** ①㋖　②㋔　③㋙　④㋐　⑤㋞　⑥㋑　⑦㋝　⑧㋒　⑨㋛　⑩㋓

# 文法

## 09 主語・述語・修飾語

文法

問題は116〜121ページ

**1** (1)㋑　(2)㋑　(3)㋒　(4)㋑　(5)㋒

**2** (1)㋐　(2)㋑　(3)㋒　(4)㋓

**3** (1)㋒　(2)㋐　(3)㋓

**4** (1)㋒㋓　(2)㋓㋒

**5** (1)㋓　(2)㋖　(3)㋑

**6** (1)A㋑　(2)B㋘　C㋚

**7** (1)㋓　(2)㋑　(3)㋒　(4)㋔　(5)㋐

**8** (1)㋑　(2)㋓　(3)㋑　(4)㋓　(5)㋔

**9** (1)㋐　(2)㋒　(3)㋒　(4)㋑　(5)㋒

**10** (1)③⑤、③⑦、⑬⑭　(2)⑦→⑭　⑧→⑭　⑩→⑬

**11** (1)主語＝今夜は　述語＝十五夜だ　(2)主語＝リンゴが　述語＝なっている　(3)主語＝友達も　述語＝渡った　(4)主語＝消防自動車が　述語＝通り過ぎた　(5)主語＝火が　述語＝ゆらめく

**12** (1)㋐②　㋑③　㋒⑥　㋓①　(2)②③④⑤①⑥

**13** (1)㋑　(2)㋐　(3)㋒　(4)㋐　(5)㋑

**14** (1)①㋑　(2)②㋑　③㋕

**15** (1)㋒㋓㋔　(2)㋓㋔

**16** (1)㋗　(2)㋔　(3)㋒　(4)㋕　(5)㋐

**17** (1)い　(2)く

**18** (1)㋒　(2)㋓　(3)㋑　(4)㋑　(5)㋓

**19** (1)自分たちは　(2)高原全体が

**20** (1)㋑　(2)㋒　(3)㋓　(4)㋐　(5)㋑

## 10 品詞の種類

文法

問題は128〜135ページ

**1** (1)㋓　(2)㋐　(3)㋒　(4)㋒　(5)㋐

**2** (1)㋐、㋔　(2)㋒、㋔　(3)㋐痛む　㋑うらみ　㋒好ましい

**3** (1)向かう　(2)安い　(3)静かだ　(4)ふくらむ

**4** (1)㋒　(2)㋔　(3)㋑　(4)㋐　(5)㋓

**5** ①㋕　②㋒　③㋑　④㋓　⑤㋗　⑥㋖　⑦㋐　⑧㋔　あ㋖　い㋐　う㋔　え㋕　お㋑　か㋓　き㋘　く㋗　け㋒

**6** ㋐測れる　㋑果たせ　㋒暖かさ　㋓おっしゃる　㋔いただく　㋕そこ　㋖冷たい　㋗集合　㋘賛成(参政)　㋙修める(納める・収める)

**7** ㋐、㋓、㋔

**8** (1) a 読みそうだ　b 読むそうだ　(2) a きそうだ　b くるそうだ　(3) a 見えそうだ　b 見えるそうだ　(4) a 遠そうだ　b 遠いそうだ　(5) a 静かそうだ　b 静かだそうだ

**9** (1)①ほど　②ため　③だけ　(2)①まで　②すら　③だけ

**10** (1)×　(2)○　(3)×　(4)×　(5)○　(6)×

**11** (1)かす　(2)まれ　(3)しむ　(4)やかな　(5)らな　(6)えろ　(7)ごし　(8)で　(9)しい　(10)らん

**12** (1)それとも　(2)ところで　(3)ただし　(4)それから　(5)また

**13** (1)だけ　(2)も　(3)でも

**14** (1)ケ　(2)オ　(3)イ　(4)エ　(5)ア

**15** (1)ア③　イ⑤　ウ④　エ①　オ②　(2)カ③　キ①　ク④　ケ②

**16** (1)行きたいようだ　(2)行われました　(3)勉強させます　(4)食べさせましょう　(5)話したがらないそうだ

**17** ①ウ　②ア　③ウ　④イ　⑤ア　⑥エ　⑦イ　⑧エ

## 11 文法 品詞の用法

問題は140～147ページ

**1** (1)イ　(2)ア

**2** (1)ア　(2)イ　(3)ウ　(4)エ　(5)ア

**3** (1)イ　(2)ア　(3)エ　(4)オ　(5)ウ

**4** (1)ウ　(2)イ

**5** (1)ウ　(2)イ　(3)ウ　(4)イ　(5)エ

**6** (1)ウ　(2)エ　(3)ア　(4)イ　(5)エ

**7** (1)ウ　(2)ア　(3)ウ　(4)イ　(5)エ

**8** (1)イ　(2)ケ　(3)ア　(4)キ　(5)オ　(6)エ

**9** (1)(ア ウ)(イ エ)　(2)(ア ウ)(イ エ)　(3)(ア エ)(イ ウ)　(4)(ア エ)(イ ウ)　(5)(ア エ)(イ ウ)

**10** (1)イ　(2)イ　(3)イ

**11** (1)エ　(2)イ　(3)ウ

**12** (1)エ　(2)ウ

**13** (1)イ　(2)ア　(3)ウ　(4)ウ

**14** ①オ　②エ　③オ

## 12 文法 敬語

問題は150～153ページ

**1** (1)③　(2)①　(3)③　(4)②　(5)②　(6)②　(7)①　(8)②　(9)①　(10)③

**2** (1)×　(2)○　(3)×　(4)×

**3** (1)おっしゃい　(2)うかがい　(3)めしあがっ　(4)ごらん

**4** (1)お客様がいらっしゃった。
(2)先生が(お)そばをめしあがっていた。
(3)友だちのお父さんがこんなことをおっしゃった。
(4)わたしからみな様(さん)に申し上げたい。
(5)先生から学問の話をうかがった。
(6)お客様からお花をいただいた。

**5** (1)ア　(2)ア　(3)イ　(4)ア　(5)ウ

**6** (1)「校長先生、どちらにいらっしゃるのですか。」
(2)「母が参観日に欠席すると申しております。」

**7** イ、カ

**8** 〈解答例〉
あなたもいっしょにいらっしゃいますか。(行く)
おじょうさん、お父さんはいらっしゃいますか。(いる)

**9** (1)ウ　(2)イ　(3)ア

**10** (1)①イ　②ア　(2)③ウ　④ア　(3)イ

**11** (1)ウ　(2)エ　(3)ア　(4)イ

文法

## 13 誤文訂正

問題は157～161ページ

**1**
(1)は、涙…。
(2)て、再…。

**2**
(1)そうだったからです。
(2)○
(3)だと思いました。
(4)セーターを着て、そしてぼうし
(5)のときでした。

**3**
(1)スケッチした↓スケッチしたりした
(2)かかれた↓かいた
(3)にきまっている↓だろう
(4)こらしている↓かもしている
(5)書く↓もどす

**4**
(1)ウ (2)エ (3)カ (4)イ

**5**
(1)決↓結 (2)示↓次 (3)○ (4)対↓体 (5)○ (6)個↓己 (7)○ (8)住↓往 (9)間↓刊 (10)○

**6**
(1)食べれない↓食べられない
(2)楽しんだ↓楽しんだことだ
(3)参る↓いらっしゃる
(4)そわそわして↓もじもじして

**7**
(1)イたのんでも
(2)ウあなたが
(3)オしたい
(4)エ申しておりました。
(5)コいうことです。

**8**
②、③、⑥

**9**
(1)× (2)○ (3)× (4)× (5)○ (6)○ (7)× (8)○ (9)× (10)×

**10**
①会話部分 ②題名 ③引用 ④心情

**11**
(1)ア (2)エ (3)ク (4)コ (5)キ (6)オ

**12**
小↓少 長↓重 争↓走 授↓受 様↓用 形↓型 至↓死 正↓清 極↓局 会↓解

**13**
(1)エ (2)イ (3)イ (4)エ

**14**
(1)エ (2)カ (3)オ (4)ア (5)エ

**15**
(1)オ (2)イ (3)エ (4)カ (5)ウ

日能研
ブックス
③